一場快樂
勝過千萬悲傷

曺祐誠——著 樓艾苓 譯

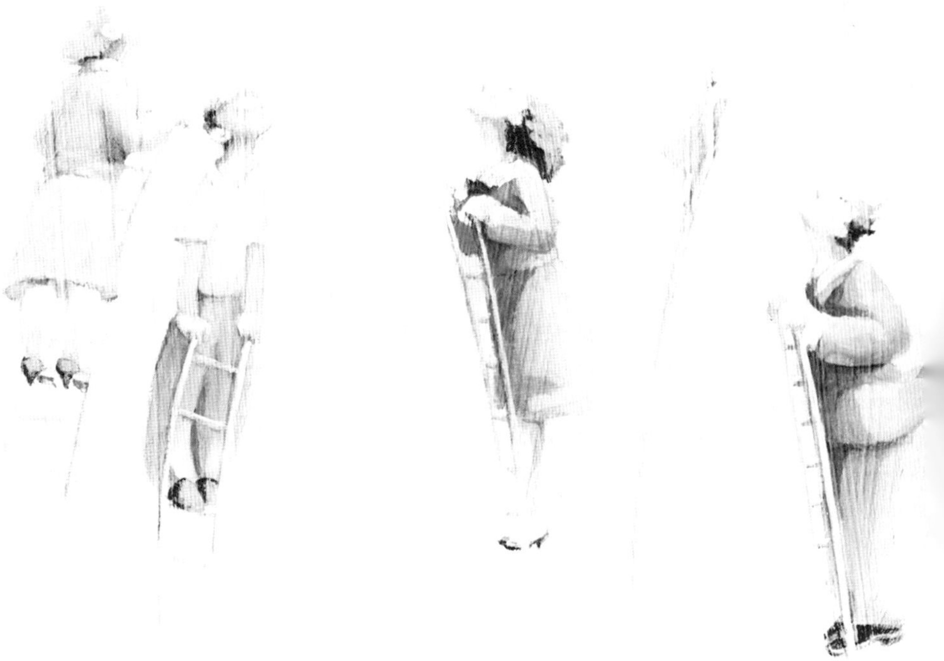

特別聲明

本書登場人物所使用的姓名皆為假名，年齡、職業與案例內容皆已修改。除了經過事件主角同意分享的故事外，其餘皆由實際事件為基本雛型改編而成。此外，書中法律條文和法律名詞皆援引韓國法律現況。

〈推薦序〉

法庭之上、擺渡之間

王子榮

在閱畢全書後，曺律師所寫的每一則故事仍然在心頭蕩漾，或許是自己投身司法實務至今十二年，也或許是人即將邁入半百，會驚訝於在海的另一岸的韓國，發生的故事也和臺灣這塊土地上如此相似，故事從海上來，對應到讀者的心中生出千頭萬緒，說穿了，是愛恨情仇、是貪嗔癡與萬般放不下，芸芸眾生相，注定讓往事不能如煙。

曺律師在經手的無數案件中，記下了個案中的人情世故，有刻意在遺囑中留下破綻，用自己的方式表達對兒子和兒媳不滿的老奶奶；有本來護夫心切，可以爲他義無反顧站上法庭、甚至甘冒作僞證的風險，卻在發現背叛後鐵石心腸轉身的妻子；也有爲家庭奉獻一輩子，明面上是要將房屋收回，但實際上只是想要父親、弟弟支持其感情選擇的姊姊，還有好多好多的故事寫在曺律師的文字之間，這些他經手過的案件，都看到在野法曹有一顆溫暖的心，和一雙洞察世故的眼。

作爲審判者，在法庭上能看到的面向比起律師只位處一方，或許有更多、更廣的視野，在刑事審判的過程中，坦白說每一件都是帶著或多或少的負能量而來，有比較沒有針鋒相對，只有被告（犯罪行爲人）一方的，如飲酒駕車犯行，這類案件涉及公共利益，通常法庭上不會有太多眼淚，被告必須面對輕忽下跨越刑罰紅線的責任。但如果是車禍或是有造成他人傷亡的刑事案件，那就伴隨著被害人家破人亡，來不及道謝、道愛和道別。即便說是身外之物的詐騙案件，也看見被騙走畢生積蓄的被害人走不出被騙的夢魘，深深陷入自責的情緒漩渦。審判者法庭上的視角不會只有被告這一方，被害人的聲音、臉孔和在法庭上的無助神情，都烙印到審判者的心中，久久揮之不去。

法庭上的故事之所以讓人念念不忘，在於不少被告不是突然一天之間就坐到那個位置，有的來自於生活的壓迫；有的來自於接近疾病性質的成癮行爲（毒品、酒精）卻沒有適時的轉向醫療處遇；有的來自於對親密關係的錯誤理解，明明還有愛卻用了錯誤的方式，違反保護令的案件一件接著一件，相愛相殺下是誰的成全；有的來自於父母離異、隔代教養不足下複製的失敗經驗，在審理最後詢問家庭狀況時，常聽到被告回答父母親也早就在鐵窗裡……在雲林這塊風頭水尾的土地訴說著社會結構性的困境下，日復一日、不斷重複上演的悲慘世界。

醫者仁心，談的是治療疾病的醫生多了一份聆聽與同理，知道病痛磨人，而施以妙手，那審判的人何嘗不是；將視角放下和這塊土地平行，知道被告是否有苦衷和被害人的無助，利用既有的法律制度，嘗試接住正在下落的人、正在下落的家庭，走上法庭的他們，因爲生命中遭遇突然的顚簸，協助他們走過法庭這段崎嶇，順利的到達彼岸，渡過法庭上的大小風浪，這是審判的初衷與本心，存在於法庭之上，徘徊於擺渡之間。

（本文作者爲雲林地方法院法官、《報導者》「法律人追劇」專欄作家）

〈推薦序〉

學會用柔軟的心面對強硬的世界

畢德歐夫

收到邀約後，看到這本書的內容，有關於法律？我心想這跟身為投資理財作家的我有什麼關係？後來細讀後發現，這本書作者雖然是位韓國律師，寫的內容卻不完全是法律，而是藉由過去經手的案例，挖掘出生活中的幸福快樂來源與人生智慧，跟我用許多日常生活真人真事來教導廣大讀者投資理財有很大的相似性。

去年蟬聯許多國家 NETFLIX 點閱冠軍的火紅韓劇《非常律師禹英禑》也有部分內容援引書中案例拍成電視劇，得到很高的收視率，恰巧一向很少有時間看劇的我，當時也看過這部韓劇，因此這本書自然引發我的興趣。人生如戲，我們如何在這場戲中扮演好各種角色，讓自己與他人都得到快樂，減少遺憾？這本書讓我們更明白未來想要活成什麼樣子，正陷入疲憊人生的讀者，或許該看看這本書！

（本文作者為知名的投資理財作家，著有暢銷書《最美好、也最殘酷的翻身時代》《我在計程車上看到的財富風景》）

〈序〉

在各式各樣的人生中，遇見的悲傷和喜悅

我在過去二十五年裡，透過律師這個工作認識了各式各樣的人。懷抱著不同傷痛前來找我的這些人，他們的故事一個比一個還要戲劇化，有脫出挫折的泥淖、帥氣地東山再起的人；有因爲自負而從成功的頂端墜落，傾家蕩產的人；有惡意利用他人信任的人；也有爲了守護家人而不顧自身安危的人……

聽著這些比電視劇還更戲劇化的人生故事，我發現了一個共同點：他們都在心中累積著憤怒和怨恨，訴訟成爲了他們所選的最終手段。

我經常在思考這些令人惋惜的事件時陷入苦惱。幫助這些帶著無法抑制的傷痛前來找我的人在法庭上獲得勝利，就是我所能做的全部嗎？隨著年齡增長和經驗累積，我學到律師這個職業應該負有比勝訴更偉大且嚴峻的使命。

人們來到法庭，選擇依靠法律時，正是他們經歷人生最艱難階段的時候。從這個角度來看，可以說每個人都站在同一個起跑點上，訴訟後的生活卻可能天差地遠，有些人儘管勝訴也無法治癒內心的傷痛，有些人敗訴卻能寬心接受結果；有些人在經歷耗時兩年的審判勝訴後，可能仍舊沉浸在憤怒中，進而失去一切；有些人則會一邊說著「這個案件贏不了，肯定會敗訴」，卻始終沒有撤銷告訴，甚至在敗訴後，還將我推薦給自己的熟人。

在陪伴各種委託人處理案件的過程中，我不自覺地思考起生活的本質，進而產生了一個疑問。我親眼目睹了無數次，在這些人被捲入激烈的人生漩渦、孤獨站在情緒高點的同時，能否遇見一位能夠與他們感同身受的人？這將爲他們人生的起落帶來巨大影響。

無關勝負，能否從訴訟過程中獲得活下去的勇氣，並開始自我療癒；或是反而更加緊抓著心中的憤怒，導致大半人生停滯不前，都取決於他人用什麼心態來面對他們。

自從領悟到這點後，我更加用心傾聽那些前來找我的人們想說的話，本書即是將此付諸實踐後，努力的成果。

我想透過這些創傷與治癒的剎那，向更多人分享足以洞察人生眞理與價値的事件和瞬間。

此外，人生道路上必定會有大大小小的關卡。在這條路上，我們偶爾會失去力量、偶爾也會感到挫折，儘管如此，我們之所以能夠堅持下去，是因爲就算只是在路邊發現一朵野花，也能得到感動。儘管有著千萬悲傷，只要感受一次快樂與喜悅，我們又能再次邁開步伐向前。我們過去是這樣生活，今後也能繼續這樣過日子。「活著的意義爲何？」這個問題有千萬種答案，但這肯定會是答案之一，因爲人類就是有著千萬悲傷，也能靠一場快樂繼續生活的存在。

希望書中各個主角的人生故事能成爲照亮黑暗的一束光，給予僵硬的膝蓋刺激、讓人獲得再次朝遠方前進的勇氣，以及能成爲讓人回首思考長久壓抑在內心的傷痛與憤怒的契機。

出版前最後一次整理原稿的過程中，我又一次感受到內心的澎湃。我想藉由

《一場快樂勝過千萬悲傷》向那些平凡卻教會我寶貴人生眞理的人，再次表達感謝與尊敬之意。

目錄

隱藏在遺囑內，老奶奶的眞心

有一天，為了諮詢遺囑相關事宜，金福德老奶奶和她的兒子，以及兒媳婦三人一同來訪。

「她辛苦了一輩子，卻在六個月前被診斷出胃癌，目前正在進行抗癌治療。」

兒子看似平靜的臉上，明顯流露出對母親病情的遺憾不捨。

「財產分配的部分，手足間已全數達成協議，但若要確實處理，還是寫份遺囑爲佳，所以才來拜訪您。」

兒媳婦條理清晰地把話說完，金奶奶什麼也沒說，只是悄悄的閉上雙眼。

就財產清單來看，歸屬於金奶奶名下的財產只有位於京畿道的一千坪稻田。繼承對象是長男與三名女兒，依照現今韓國民法條例，長男並無法獨自獲得大比例的繼承權，而是得由四名子女公平的各自獲得四分之一的財產。

將一千坪的稻田平分給子女，卻得拜訪律師事務所諮詢律師的理由是什麼？在聽完兒媳的說明之後，我才了解了情況。最近該地區將被徵收用於公共事業，並會在第二年支付補償金，老奶奶名下的稻田經推算，大約可以分配到超過二十億韓元的補償費用。

我向金奶奶詢問遺囑內容的同時，兒媳代替她回應：

「家族間已經達成協議，稻田的七〇%歸長男所有，剩下三〇%由三位女兒共同持有。」

金奶奶對兒媳的話沒有什麼反應，只是低著頭。事實上即便有立遺囑，共同繼承人在法律最低保障下，最多可以獲得自身應該繼承分額（即應繼分）的二分之一作爲保障，這被稱作「遺留分」。我向他們說明，若按照兒媳婦當下的主張撰寫遺囑，女兒們的遺留分可能會受到侵害。

「首先，依照法律，三位女兒的應繼分原則上爲二五%，但是按照您所說的遺言，她們只能獲得不到一〇%的遺產。因爲有所謂的遺留分，三名女兒各自的應繼分爲二五%的一半，即爲有一二．五%的保障額度，所以若只給予一〇%遺產，未來她們可以各自申請二．五%的遺留分。」

「我婆婆一直是由我們照顧，以後也會如此，在這種情況下，我聽說養育父母的子女可以獲得更多繼承權吧？若是將這部分列入考慮，長男應該能夠獲得七〇%的遺產？」

對於特別撫養父母或爲父母的財產累積作出貢獻的子女，給予更多繼承分額的條文被稱爲「寄與分」，兒媳立刻指出了這點。

「原來如此，如果是這種情況，可以按照遺囑內容進行。畢竟最重要的還是立囑人的意思，如果這是老奶奶的想法，即可這樣撰寫遺囑。」

我詢問是否需要以直接在事務所內進行公證的方式來完成遺囑，這時一直低著頭的金奶奶才開了口：

「律師先生，我想要回家獨自安靜的寫下遺囑。如果有什麼注意事項，麻煩您先告訴我。」

當然，遺囑不一定非得在律師事務所內，以公證的方式撰寫，立囑人親筆撰寫並簽名蓋章後，即可以「親筆遺囑」產生法律效力。我向金奶奶說明撰寫遺囑的注意事項，並為她列印了一些在家裡也能參考的資料。

那天之後，大約經過十個月的某一天，我接到了一通電話。

「律師先生，您有印象嗎？我是之前找您諮詢遺囑相關事宜，金福德的兒媳婦。我婆婆在兩個月前過世，於是子女們開始討論繼承問題。不知為何，小姑們突然主張應該讓大家各自獲得二五%遺產，儘管我拿出之前那份要把七〇%遺產留給長子的遺書，仍舊說服不了她們，小姑們甚至在上週對我丈夫提起了訴訟。」

雖然有遺囑，女兒們卻提出與其不同內容的主張、並提起訴訟這個狀況實在令人不解。

長男成了繼承財產分割請求訴訟的被告，我則以訴訟代理人的身分參與了案件。原告女兒們的訴訟代理律師是我的大學學長崔律師，同時也是我社團前輩，他在家族法律這方面造詣很深，我很好奇他為什麼會接下這種不合理的訴訟。

我提交了回應對方訴狀的意見陳述書，主要內容為：「被繼承人金福德女士已立下遺囑，根據遺書內容，女兒每人可獲得全部財產的一〇%分額，合計爲三〇%。但三名女兒要求個別獲得二五%、合計爲七五%的繼承權，此主張因不符合遺言內容，不甚合理。」

幾週後，第一次辯論在首爾中央地方法院舉行。審判開始之前，我在法庭外見到了崔律師。

「學長，你怎麼會接這個案子？一看就很明顯是會敗訴的案件。」

聽了我的話後，崔律師笑著問我：

「是嗎？那會在法庭上見分曉，聽說是曺律師給了金奶奶關於遺囑的建議？」

「對，我仔細向她說明過了。」

於是學長帶著微妙的笑容說道：

「是啊，沒錯。你好像說明得非常仔細。」

看著學長的表情，我內心升起了莫名的不安。

審判開始後，法官問崔律師：「明明有遺囑，原告卻提出與其立意相違的訴訟，理由爲何？」

他向法官提出了遺囑的影印文件，並果斷地回答：

「請仔細查閱被告方作爲證據所出示的遺囑，遺囑中遺漏了立囑人的地址和印鑑，所以爲無效遺囑。」

什麼？沒有地址也沒蓋章？我急忙翻開我們提交爲證據的遺囑影本，難道眞的遺漏了地址和印鑑？之前光是注意遺言內容，所以沒能及時發現。

遺囑內容只有「全部遺產的七〇％給長男，剩餘三〇％分成三等分給三名女兒」，以及日期和金奶奶的親筆簽名。不過這樣的簽名並不具有任何法律效力，因爲構成親筆遺囑的要素不僅要有遺言內容與本人的簽名，地址和印鑑也是必要的。遺漏地址和印鑑的遺囑並非有效遺囑，遺囑將被視爲不存在，並得遵循民法，長男與三名女兒將公平地各自繼承二五％遺產。

我向法官解釋：「會於下次開庭說明被告立場。」便慌忙離開法庭，並馬上向長男與兒媳確認狀況。

情況如下：接受我的諮詢大約一週後，金奶奶在長子和兒媳面前寫下遺囑，兒媳將遺囑放至銀行保險箱中保管。長男和兒媳的確仔細檢查過金奶奶的遺囑內容，尤其是整體財產的七〇%將給予長男的部分，卻沒有察覺遺囑中遺漏了金奶奶的地址和印鑑。

我也和金奶奶特別強調過，撰寫遺囑時人們最容易遺漏的部分就是地址和印鑑，甚至提供了「撰寫遺囑注意事項」，金奶奶卻仍在最後這個部分留下了失誤。

「律師先生，這太荒唐了。當時我婆婆明明向您說過，全部財產的七〇%會交給我先生，對吧？那麼您難道不能作證，說明這就是我婆婆的本意嗎？遺書的意義應該是表達逝者的意願，若是因爲格式而讓逝者的『眞實心意』不被認可，那不是很有問題嗎？」

兒媳的話也有道理，但民法非常看重遺囑的格式，所以缺少地址和印鑑的遺囑，被法院認可的機率微乎其微。我抱著抓住最後一株救命稻草的心態，強調遺囑儘管在形式上有不足，金奶奶的本意就是想把財產的七〇%留給長子，進行了一審申辯。

五個月後，一審判決的結果出爐，結果不出所料，我方敗訴了。雖然兒媳想提出上訴，但我向她說明二審幾乎沒有翻盤的可能性，此案就在一審終結。不過，即使我早已詳細解釋，卻因爲金奶奶的小失誤導致兄妹間產生訴訟糾紛，這一點令我非常介意。

那之後又過了幾個月，我在律師研討會上遇見了崔律師。

「學長，恭喜你。不過你知道判決結果讓我胃痛吧？你得請我喝杯酒，只要金奶奶不犯那種錯誤……」

這時，崔律師拍了我的肩膀：

「好啊，我請你喝一杯，當然要請客，我可是欠了你人情。」

欠人情，這又是什麼意思？我愣在原地。

「曺律師，你仍舊覺得是金奶奶的失誤嗎？」

學長向一臉呆滯的我說明了事情原委。

金奶奶在醫院接受抗癌治療的時候，偷偷把我寫的「撰寫遺囑注意事項」遞給來探病的大女兒，要她在自己離世後，一定要拿著這張紙去找律師，並告訴對方遺囑有問題。

「兒媳太貪心，心軟的兒子只是照著妻子說的辦事，不過看來金奶奶是在聽了曺律師的說明後，才產生了撰寫有問題遺囑的想法。」

我的天啊，老人家怎麼會有這種念頭？我聽了寒毛都豎了起來。

「曺律師，你也別太委屈。你在審判時說過，金奶奶的眞心最重要吧？想要公平地把財產分給子女，這就是她的眞實心意。多虧曺律師非常仔細地向金奶奶說明，才能照她的本意分配財產。曺律師可是做了一件好事。哈哈。」

在兒子和兒媳的帶領下來到律師事務所時，金奶奶的心情應該很鬱悶。雖然想把晚年突然獲得的補償金公平地分給四兄妹，卻在奉養自己的兒媳婦提出強烈主張時難以反駁，就在此時，**聽到我的說明：「像這樣撰寫的話，遺書就會無效。」而找到了表達自己本意的方法**。

我至今仍記得金奶奶的嬌小身軀以及憔悴的神情，加上被診斷出癌症、強忍病痛的老人家，卻要理解律師困難又陌生的說明，並發揮機智好讓子女都能公平地獲得遺產……眞是偉大的母愛與驚人的老人智慧。身爲把法律當作生活工具的律師，何其有幸讓金奶奶爲我上了寶貴的一課，願您能安心長眠。

丈夫的完美假面

丈夫被告收取回扣，金善花首次為此來訪時，幾乎是失去理智的狀態。

「律師先生，請問我們分行長該如何是好？請您救救他。」

金善花的丈夫權世衡是A銀行分行長，因爲涉嫌在貸款過程中收取顧客給予的三千萬韓元回扣，昨晚在下班路上被緊急逮捕。明天上午法院將進行拘捕令實質審查，爲了尋求律師協助調停，她急忙找到了我。而問題在於，她對此案的實際內容幾乎毫無所知。

我費盡心思安撫因情緒極度不安而瑟瑟發抖的善花，卻也在與她的對話中察覺了異樣。善花稱呼她丈夫時，不是使用常見的：老公、丈夫、我先生，而是用了「我們分行長」這樣不自然的尊稱。

「我能對天發誓，我們分行長絕對不是會做非法之事的人。」

「我們分行長為人公私嚴格分明，我甚至沒有坐過他的車，因為維修費是由銀行提供，所以車輛屬於公事用車。這樣的人絕對不可能收賄。」

能如此深受妻子信賴與尊重的丈夫並不多見，令我不禁感嘆權分行長真是很了不起的人物。

不過拘捕令實質審查結果顯示，權分行長確有需要被拘留。檢方提出的犯罪事實如下：

「二〇〇八年五月十七日，嫌疑人權世衡在 A 銀行〇〇分行接受貸款審查的 B 公司常務金〇〇手中，以貸款順利為代價，收下裝有三千萬韓元現金的購物袋，利用業務權限執行不正當委託而獲取錢財。」

可想而知，我在拘留所內見到權分行長時，他強烈否認了犯罪指控。

「我和金常務用完餐，分別時他將購物袋遞給我。我原本不打算收，但他說是個小禮物，要我看在他的誠意分上收下，我只好接了下來。袋子比想像中還要重，所以我拆開購物袋裡的包裝，發現是一捆捆的鈔票，嚇了一跳後，當場就還給金常務了。」

一人說給了錢、另一人說當場把收到的錢還了回去，這是非常罕見的事，兩人之中一定有人說謊。在這種狀況下，法院大多時候會相信已經給了錢的陳述，因爲贈與者也會受到懲罰，所以被認爲沒有進行虛假陳述的理由。

實際上並非全然如此，大致來說，贈與者會受到的懲罰遠比收賄者輕得多，因爲調查機關的主要目標大多都是「收賄者」，調查機關在對贈與者施加壓力、要求其坦白行賄事實的同時，也常打出「盡量從寬處理」這樣的協商牌。這種時候，意志不堅的人會妥協，認爲反正已經難以逃罪，不如按照調查機關的意願進行陳述，也會在自暴自棄的狀態下進行虛假陳述。

此外，如果行賄者委託了某件事，但委託內容無法順利執行時，也可能帶著報復心態故意讓對方陷入窘境。特別是在對方是公務員的情況下，以行賄的方式說謊，導致惡意起訴的狀況也不是沒有過。

權分行長的主張如下：

「我以爲貸款能順利進行，但總公司審查部門最後做出『不批准』的決定。了解後才知道，B公司在交易處積欠了不少款項，近年網路建設得很完善，不僅是金融圈內的滯納訊息，連交易處的未繳款項都能追蹤到。以總公司審查部的立場來說，他們判定無法批准鉅額貸款給在交易處有拖欠款項的公司。B公司的金常務因爲貸款流程沒有照預想中進行，突然向我抗議，然後以這種方式誣陷我。」

權分行長的解釋也很有道理，不過贈與者對於自己的主張絲毫不退讓，於是如何解決這一部分便是本案的核心重點。

善花平均兩天到訪一次我的辦公室，由於她對案情幾乎一無所知，所以對於解決問題也沒有太大的幫助。我向她詢問了金常務陳述中行賄當晚的狀況，她說沒有發現什麼特別之處。

權分行長強烈要求將善花列入證人名單，雖然我向他解釋過，由於善花是被告的妻子，法庭不會將她視爲有可信度的證人，權分行長卻堅持要求申請妻子作證。

「我妻子非常了解我。即使不能當作直接證據，但只要能證明我是如何生活、用什麼心態工作，法官肯定也會認可我是無罪的吧？」

一個是給予丈夫絕對信任的妻子，一個是無論如何也想讓妻子坐上證人席，證明自己清白的丈夫。一般來說，當夫妻一方被拘留後，再好的夫妻關係也會面臨危機，而這對夫妻卻恰好相反，令我不禁感嘆他們對彼此的信任非常偉大。

我向刑事法庭要求讓善花出庭作證後，她略顯不安地問我：

「我能勝任嗎？我該怎麼作證呢？」

「不需要太過擔心，我會事先整理好偵查題目。妳只需要說明當天他有沒有拿著購物袋回家，以及有無其他特殊行徑，並如實陳述妳丈夫平時公私分明、凡事都堅守原則進行的生活態度就可以了。」

「眞希望一切能順利。分行長得早日被釋放才行，他有高血壓，我很擔心他的情況。」

善花把手放在胸前，眞心爲丈夫感到擔憂。

刑事審判開始了。首次公審時，檢察官向法庭公開控訴事實，並追問權分行長是否承認控訴事實。

而權分行長仍舊維持先前的主張：雖然曾接下購物袋，但在確認內容物後便立刻將其歸還。

兩週後進行了第二次公審，檢方傳喚了主張向權分行長贈與購物袋的金常務作爲證人，著重於控訴事實的確認。

金常務表示自己確實將裝有三千萬韓元的購物袋交給權分行長，並以篤定的語氣陳述：權分行長並沒有將購物袋還給自己。

我身爲被告的辯護人，經由反向審問努力反駁金常務的證詞，卻不容易翻轉情勢。再加上沒有選擇餘地，只能要求在下次公審日申請被告的妻子金善花作爲證人出席。

如同預想，審判部以「反正她是被告的妻子，無法提供客觀陳述，要是有想說的話，可以直接提交陳述書」爲由，表達了否決的立場。

權分行長卻在獲得親自發言權後這樣說：

「法官大人，我眞心覺得委屈，我是以什麼態度生活，我妻子最清楚。她是虔誠的教徒，從不說謊，請一定要採納她作爲證人。」

在被告的懇切說服下，審判部經過長時間討論後，決定讓金善花作爲證人出席，權分行長鬆了一口氣。

爲了傳達這個好消息，我撥了電話給她，卻聽到了意料之外的反應。

「那個……律師先生，我一定得作爲證人出席嗎？不能不參與嗎？」

「壓力不用太大，就像之前和我練習過的，只要說出實話就可以了。」

「說實話……好，我知道了。」

善花的尾句留下了很長的餘韻。這麼看來，善花最後一次來找我已經是三週前，也沒有出席當天的公審，明明之前不到三天就會來一次辦公室……我腦海中不禁閃過：「最近發生什麼事了嗎？」

終於到了第三次公審日，善花坐上了證人席。法官提醒她作證應行注意事項：

「證人，妳與被告是夫妻關係吧？儘管如此，也不能說出違背事實的證言，那樣會構成僞證罪進而受罰，知道嗎？請實話實說。」

聽完法官的提醒，善花只是閉著嘴、點了點頭。我按照事前提供給她的內容，開始了證人審問：

「證人在二〇〇四年八月和被告結婚後至今，仍舊維持婚姻生活，並育有一子一女，對吧？」

「是。」

「被告的個性相當固執，偶爾會讓人感到鬱悶，對吧？」

「是。」

「二〇一八年五月十七日晚間，被告約九點左右下班後回到家，對吧？」

「是。」

「那天他和客人有約，所以妳沒有為他準備晚餐，對吧？」

「是。」

「那天晚上，被告的行為和平時並無不同，對吧？」

「不，有些奇怪。」

情勢突然往意想不到的方向發展，原本約定好這題的答案也是「是。」……當我感到慌張的同時，審判長插嘴了：

「請詳細說明奇怪的部分。」

這時善花輕輕的閉上眼、清晰地接著說下去：「他突然給了我兩捆錢，說有兩百萬，讓我和孩子們一起去購物。」

那瞬間，我身旁的權分行長表情嚴重扭曲。

「平時只靠不甚寬裕的月薪過活，突然得到零用錢心情很好。」

審判長再次提問：

「妳沒有過問那筆錢從何而來嗎？」

「平時我不太向分行長提出疑問，本以爲他只是領了獎金。那天看他提著沉甸甸的購物袋回家，雖然很好奇那是什麼，但我沒有過問。」

這又是什麼情況！她正在對爭論的核心、那個充滿疑問的購物袋做出具體的陳述。這代表權分行長眞的把購物袋拿回家了嗎？而且與平時不同，他還給了妻子一大筆錢，這簡直是最糟糕的情況。

審判長也感到荒唐，看著我搖了搖頭：

「證人審問要繼續嗎？你們事前沒有討論過內容嗎？」

我的腦子一片空白，在不確定善花還會說出什麼爆炸性發言的狀況下，不可能繼續進行證人審問，我向審判長提出：

「我在此結束提問。」

這時，善花果斷地說：

「我想再說一句話，我丈夫是個僞君子，僞善者！」

我不記得那天公審是如何結束的，在審判結束後，我多次聯絡善花，她都沒有接電話。第三次公審的三天後，我去首爾拘留所探望了權分行長。

「分行長，究竟是怎麼回事？」

因爲不了解情況，所以我向權分行長詢問了原委。他平靜地回答：

「前天我妻子寄來了一封長信。一切全都是我的錯。」

權分行長從金常務手中收到裝有三千萬韓元的購物袋，帶回家後，將其中兩百萬元交給善花是事實。

「那麼目前為止你都在對我說謊嗎？」

「對不起，坦白說我很害怕。因為不是透過帳戶收錢，而是拿取現金，我原以為只要我堅持否認到最後，就有可能被判無罪。不是說需要由檢方來證明有罪與否的嗎？」

我有一種被暗算的感覺，更令人費解的是，金善花竟主動提供對自己丈夫非常不利的關鍵性證詞。她不是把丈夫視為天的嗎？

「我很慚愧，律師先生，我妻子全都發現了。」

權分行長給我看了從善花那裡收到的信，看起來是她至法庭作證前一週寫的，密密麻麻地寫滿了五張信紙，詳情是這樣的：

因為權分行長在下班時間被緊急逮捕，他使用的汽車被扣押在檢察廳幾天後，由家屬善花代為領回。她將那部車停進公寓的地下停車場，由於丈夫平時一直強調只會在公務時使用，所以這是善花首次乘坐這輛車。

善花憂心車內也許會有能給予審判幫助的證據，仔細翻找了車內物品，卻在後車廂內發現了令她意外的物品——權分行長與情婦來往的書信、一起拍的照片、生日卡片、機票、禮物袋……等物品。善花因為被過去深信不疑的丈夫背叛而渾身顫抖，權分行長從金常務那兒得到三千萬韓元後，為情婦送上昂貴的寶石項鍊和精品包，甚至一起去了泰國旅行。

善花很苦惱。難道她在知道這一切的狀況下，還要為丈夫作證嗎？無論怎麼想，她都無法原諒丈夫，於是決心揭發真相。

善花在信中意志堅定的寫下，自己打算與權分行長離婚，孩子的撫養權由本人擁有，若是反對，則將提起離婚訴訟。

「最終我還是搬了石頭砸自己的腳，沒想到會變成這樣，還要求妻子出庭作證……」

權分行長在一審中被判處有期徒刑一年六個月。

我深受愚弄，所以在案件結束後，就不曾聯絡過權分行長與金善花。

我們在某種程度上，都是戴著面具、掩蓋真相過生活，甚至就算是夫妻關係，也無法百分之百了解對方。某位心理學家表示，越是親密的夫妻、越要保有互不侵犯的私有領域，才能過上幸福的生活。

權分行長長期戴著帥氣的面具生活，因此獲得妻子善花的無限信任與尊敬。直到面具被揭穿，善花親眼目睹丈夫眞實樣貌的那天，才意識到這段關係充滿了僞善，感受到一直支撐著自己的世界崩塌後的淒慘。因爲有過很深的信任，傷口無法被治癒，兩人的關係最終走向了破裂。

你我又戴著什麼樣的面具過日子？那個面具能夠永遠不被摘下嗎？這個案件至今仍讓我對眞實和虛假、人類的僞善和面具喟嘆不已。

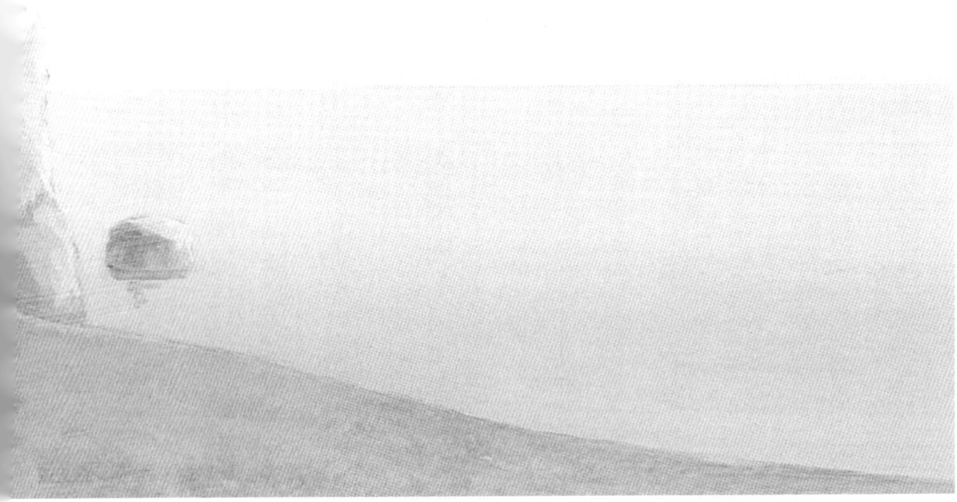

天外飛來一大筆債

宋世曦在二十歲時，遇見金東寅並與他結了婚。
公公過世留下龐大債務，過慣豪奢生活的丈夫無力負荷……

金東寅的父親金世春以小舊貨店起家，創立了雄偉的鋼鐵板製造公司，在世曦居住的地區是屈指可數的資產家。而與白手起家的父親不同，兒子東寅幾乎沒有獨力謀生的能力。因爲知道兒子的軟弱，公公金世春總是提供充足的生活費，婚後世曦一家才能過上不亞於別人的生活。

但不幸卻毫無預警的到來，二〇一四年，金世春的公司因爲主要客戶破產而面臨突如其來的經營危機，雪上加霜的是，爲了解決困境四處奔波的金世春因腦溢血暈倒，在一個月後離開了人世。

身爲獨子的東寅尚未做好繼承家業的準備，而更大的問題在於，過世的父親留下十億韓元的債務。當時透過熟人得知債務將由子女繼承的消息後，世曦告訴丈夫應盡快擬訂對策，東寅爲了不讓債務落到自己身上，向法院申請了拋棄繼承。

東寅作爲一個不知人間疾苦的富家子弟，面臨突來的變故，毫無預警下要扛起一家子的生計重擔，讓他備感吃力，於是每日酗酒，更戒不掉從年輕時就沉迷的賭博，兩年後也因肝癌去世了。

曾經身爲富裕家庭大媳婦的世曦狠下心，打算靠自己的力量將兒子扶養長大。她從餐廳助手做起，雖然是過去完全想像不到的生活，幸好兒子來赫在艱難的環境中也努力讀書，以優異成績從大學會計系畢業，並且應聘進入知名大企業的資金部門。

世曦聽到兒子錄取大企業的消息後，一直以來強忍的淚水不禁潰堤，彷彿那些艱難的歲月都得到了補償。

但是，在來赫初次領薪水那天，發生了意想不到的事情。K互助儲蓄銀行以約三億韓元的債券為由，對他的薪水採取了假扣押措施，由於來赫從來沒有向該銀行借過錢，所以認為是銀行的失誤，並不以為意。

來赫的上司卻命令他立刻解決這個問題，畢竟不能把公司的資金工作交給欠有金融機構三億韓元的新進員工，最糟的狀況下，來赫可能會被解僱。

心急如焚的世曦跑了一趟K互助儲蓄銀行，才了解事件的始末。

來赫的爺爺金世春在十年前從K互助儲蓄銀行借了一億五千萬韓元，且在沒還清的狀態下過世了。兒子東寅為了防止債務落到自己身上，申請了拋棄繼承。

不過這之中隱藏著陷阱，根據韓國民法，拋棄繼承後，繼承權將依順序轉移至下一位繼承人。因為東寅放棄了繼承，債務就越過兒子、改由孫子繼承，利息也持續增加，在來赫即將收到第一份薪水的同時，對方彷彿等了很久似的，立即要求償還債務。

世曦在聽到晴天霹靂般的消息後，找到K互助儲蓄銀行的負責人，邊哭邊說明了情況。對剛步入社會的兒子來說，三億元的債務實在太可怕了，並且有可能會讓他失去好不容易獲得的工作機會。K互助儲蓄銀行的負責人卻非常堅決：

「我們無法一一照顧個人情況，只能依法處理。」

世曦在思考過後找上了我。

「律師先生，我該怎麼做？現在到底該如何是好？我們來赫的光明前途該怎麼辦？」

她不停地用手帕擦著眼淚，理論上，K互助儲蓄銀行的負責人主張明確，因此沒有反駁的餘地。我從她手中得到銀行負責人的聯絡方式後，打了電話。

「我是進行免費法律諮詢的律師，聽完狀況後覺得騎虎難下，這件事能否綜合前因後果，由貴公司進行壞帳處理？」

果然得到了冷淡的回答：

「我們原則上只能依法處理。」

當無法為懷抱希望來找我的委託人解決問題時，身為律師的我會感到絕望。抱著抓住最後一根救命稻草的心態，我反覆閱讀了民法繼承條文中有關拋棄繼承的部分。

話說窮則變，變則通。我就這樣與法典搏鬥幾個小時之後，突然看到能解決問題的線索。

根據韓國民法第一〇一九條，繼承人可以從「得知繼承起始日」起三個月內拋棄繼承。那麼，究竟來赫算是什麼時候得知繼承權的呢？嚴格來看，在他父親拋棄繼承的那瞬間、爺爺的債務就已轉移到來赫身上，但他真的在那一刻就知道自己已經成為繼承人了嗎？法庭大概也很難做出這樣的判決。畢竟如果不是法律專家，也無法馬上理解由直系親屬代替繼承人繼承財產的「代位繼承」。

所以，來赫是在最近，因為薪水被假扣押後，才知道自己繼承了爺爺的債務，這就是最合理的解釋。那麼只要在薪水被扣押起三個月內向法院提出拋棄繼承的申請，就可以不用承擔債務。

「果然得時常仔細研讀法律條文！」

我拍了一下腦袋後，向世曦說明了這個事實。

「請問令郎收到通知，薪水被扣押的日期是哪一天？」

「他說是二〇一九年三月二十日。」

此時是六月十八日，所以隔天就是滿三個月的最後一天。世曦在想盡辦法和K互助儲蓄銀行達成妥協的過程中，三個月就這樣過去了。我立刻讓職員塡寫拋棄繼承申請書，並和來赫通話，讓他準備所需文件，第二天一大早就向法院提交了拋棄繼承申請。

法院判定來赫的申請理由合法，並予以受理。只要世曦晚個兩天來找我，來赫就得背負三億韓元的大筆債務過活，回想起來仍覺得驚險到手心冒汗。

我們常從電影或電視劇中看到許多繼承大筆財富的主角，並深感羨慕。但在現實生活中，子女繼承的往往不是父母的「財產」，而是「債務」的情況反而占多數。在這之中，有些人甚至不清楚有爲了防止子女懵懂繼承父母債務的拋棄繼承制度；也有人即使知道，卻錯過三個月的申請期限，只能原封不動的繼承父母的債務。所以說，**無論是多麼細小的法律程序，都有改變一個人命運的可能性，絕對不能輕易忽視。**

找我諮詢過並進行訴訟的案件中，像來赫這般，受遺忘已久的過去所影響，導致當下得接受可怕又殘酷結果的人不算少見。況且不只財產繼承問題，還有許多行爲不僅僅會影響自己，同時也會害自己重視的人連帶受到影響。

佛家說，今日我所種下的「業」會累積，不僅影響自己的未來，也會對周遭人們的未來造成影響，也許我們的人生就是過去、現在和未來緊密交織在一起的網絡。所以，怎麼能夠隨便地度過今日呢？

輕率的好意，卻釀成災難

經由熟人介紹，六十多歲的金純禮造訪了事務所。主要是委託兒子在公司意外身亡的真相調查。

在來訪的一週前，晚間八點半左右，她的兒子崔浩峯（三十一歲）被發現在任職的K公司身亡。事件發生的地點是公司大樓內的三樓樓梯間，警方推測崔浩峯是在樓梯上踩空後摔倒、死於腦震盪。

K公司位於半月工業園區內，是製造汽車零件、擁有一百多名員工規模的中小企業，崔浩峯在公司內擔任研究員的職務。由於是在工作中過世，K公司向勞動福利部申請了職業災害賠償金，並預計在一個月內支付這筆賠償金給崔浩峯的家人。

聽著金純禮的說明，我好奇身爲律師的我能給予什麼幫助，儘管崔浩峯的事件很令人惋惜，事後處理的過程中，似乎也沒有什麼特別的法律疑慮。金純禮在解釋完狀況後這樣說：

「我們家浩峯、我們善良的浩峯總是出現在我的夢裡，他邊哭邊說自己是冤死的。律師先生，有沒有能夠確認浩峯準確死因的方法呢？」

她顯然很難相信公司與警方所提出的，兒子是在樓梯間失誤踩空、摔倒後因腦震盪而死的這個說法。對於失去心愛兒子的母親來說，這是非常理所當然的懷疑。

爲了重新調查死因，受害者遺屬必須向警方提交陳情書等資料，要求警方履行查明死因的程序。若陳情書內容被判定合理，檢察機關和警方將透過國家科學調查研究所進行法醫死因調查作業，在過程中眞有發現任何非意外死亡、或是他殺的可能性，才會正式重啓調查。

在我詳細說明相關程序後，與金純禮一同來訪事務所的女兒、崔浩峯的姊姊——崔浩純提出了兩點疑慮：第一，她非常憂心解剖驗屍是對遺體不敬的行爲；第二，如果弟弟死亡的原因和現在宣告的不同，並非於工作中失足身亡，而是其他死因的話，恐怕無法獲得職災賠償金。

去世的崔浩峯必須扶養妻子與兩歲的女兒，他是家中唯一的經濟支柱，他的家人非常需要這筆賠償金。

金純禮則抱持不同的意見，她原先也想看在賠償金的份上，接受事件結果，但她兒子每天晚上都會來到她的夢裡喊冤，讓她無法忽視這個情況。對此，我表示只要家人間統一意見，我都會遵照辦理。

隔天上午，崔浩純與其他家人正式提出再次確認崔浩峯死因的要求，於是我撰寫了要求查明死因的陳情書並提交給警方。管轄警察局的負責調查官露出明顯不耐煩的表情向我表示：爲何非得重啓已經了結的案件？

兩天後，國家科學調查研究院進行了屍體解剖，有權參與解剖過程的死者母親金純禮和姊姊崔浩純也一同前往，不過從遺屬的立場來說，參觀屍體解剖是極度難以承受的痛苦過程。

解剖後卻發現了驚人的事實，致死的關鍵原因是腦震盪，而且不是在樓梯間滑倒、腦部受到重擊而產生，而是因爲頭部受到鈍器攻擊所導致，這便是他被人殺害的確切證據。

管轄警察署立即成立專門小組，調查崔浩峯死亡前兩週的電話通聯紀錄，同時進行同事間的探訪調查。調查啓動一週後，公司同事朴某在崔浩峯死亡前經常與他發生口角，事發當天中午，兩人一起用餐的事實也被揭發。調查官們緊急逮捕了朴某，在進行長時間高強度偵查後，終於得到了朴某的自白。

案件的原委如下：嫌疑人朴某向高利貸業者借了錢急用，進而深受催債困擾，他向周遭同事借錢，卻沒有人願意幫助他。

朴某多次拜託以個性隨和聞名的崔浩峯，一向善良的死者不忍心拒絕，於是在得到朴某表示兩個月後一定償還的承諾下，將準備用來繳納一整年房租的三千萬韓元借給了朴某。

俗話說「借錢見人心，還錢見人品」，已滅了燃眉之急的朴某卸下重擔之後，並沒有遵守約定。而為了續約，一定得繳出三千萬房租的崔浩峯不斷催促他還錢，朴某更是以各種藉口迴避。

案發當天，崔浩峯用完晚餐後，將朴某叫到公司三樓的樓梯間，兩人一番爭執後，繼而發生了激烈的爭吵，這時崔浩峯大喊：「你這個騙子！」讓朴某瞬間失去了理智，用手中的作業工具重擊崔浩峯的後腦勺，導致他當場死亡。驚慌失措的朴某製造了看似在樓梯踩空、失足墜落而死的場面後，慌忙逃離現場。

案發過程全部查明後，朴某以殺人罪被拘留起訴，崔浩峯的職災賠償也被駁回。因爲他並非於工作中殉職，而是與同事爭吵後身亡，無法以職災處理。

從崔浩峯遺屬的立場來說，這個結果讓他們損失了一億韓元的職災賠償金。儘管他們有向加害者提出損害賠償訴訟，有鑒於朴某幾乎沒有剩餘存款，獲得賠償的機率不甚樂觀。

「如果只在乎金錢的話，的確很可惜。不過這樣才能化解我們浩峯的冤屈，至少他現在能安心闔上雙眼。謝謝你，律師先生。」

接受金女士致謝的同時，我也不確定自己到底是否好好解決了這個案件。想到崔浩峯遺屬未來的日子，心情就變得沉重起來。

好意只能在自己所能承受的範圍內給予。經過這次事件後，我對這點有了深刻的領悟，在不會爲自己帶來嚴重損害的範圍內釋出好意是非常重要的。

崔浩峯將自己幾個月後就需要使用的高額房屋租金借了出去，這就是超出自我能力範圍的好意。

當自己急需用錢時，他也只能要求對方還錢，對方理應感到抱歉才是，但事實並非如此。人一旦遭受攻擊，必然會選擇擺出防禦姿態。這麼一來，已經給予的好意就會消失，雙方只剩下債權與債務關係。若是打從一開始，兩人的關係就是以債務及債權交織在一起，那麼崔浩峯肯定會預先採取更安全的擔保措施。

崔浩峯給予朴某的善意、爲他人著想的好心，卻將自己逼向了死亡，這樣諷刺的結果又該如何說明？這次事件讓我感受到輕率的好意也有可能釀成巨大災難，這個可怕卻又刻骨銘心的人生面向。

一位寧願被判有罪的父親

通常指定辯護人的被告大多會直接認罪，為他們辯護並不困難，但本次事件的被告主張自己無罪，可以預測後續不會太輕鬆。

訟務科[1]科長進來報告我將要負責的國選辯護案[2]。一般來說，國選辯護案大多是單純的暴力行爲或竊盜案件，這次卻是損失額度相當高的經濟犯罪案。雖然國選辯護是律師們必須履行的義務之一，但本次的案子似乎不太容易，我感受到些微的壓力。

金成源的罪名是違反「類似受信行爲限制法」。銀行從顧客手裡收到款項，並在約定時間後才增加利息的行爲被稱作「受信行爲」。這種「受信行爲」只有取得認可的金融機構才能辦理。私人企業在未經政府許可下，若以「每交付一千萬韓元，每週可獲得十萬韓元，並分十二期支付」的方式提供高額利息並收取利潤③，這就是「類似受信行爲」，會依法受到嚴重懲罰。

包含金成源在內的七名共犯以京畿道○○鎮的三百多位居民爲對象，說服他們投資養豬事業，並承諾會給予高額分紅，然後從居民身上獲得少說幾百萬、多達幾千萬韓元的投資金。他們每週會支付這些投資者定額利息，漸漸累積信任後，某天卻帶著一百億韓元捲款潛逃，不過除了主嫌外，其他六人皆被警方拘捕。

爲了準備辯護，我首次在拘留所內見到金成源，他給了我這樣的辯解：

「我完全不知道是在做那樣的事情，我會參與，純粹只是熟識的鄰居大哥叫我去幫客人泡咖啡，遇到上了年紀的客人就幫他們按摩肩膀罷了。除了一點車馬費外，我沒有拿到其他錢。」

我感到不可置信，即將面臨三年有期徒刑的人，竟然完全沒察覺自己參與了什麼……我告訴金成源調查機關已經掌握確切證據，不如乖乖承認錯誤，要求法院從寬處理。聽完這項提議，他只是向我訴苦：

「要是沒有犯錯，就不該承認罪行吧？沒有騙過人卻要受罰，我感到很冤枉。

律師先生，請幫我揭發眞相。」

國選辯護案的被告大多都會直接認罪，因此爲他們辯護不算太困難，但本次事件的被告主張自己無罪，可以預測之後的處理過程不會太輕鬆。何況損失金額甚大，而且證據確鑿，金成源獲判無罪的可能性不高。

第二次去城東拘留所和金成源會面時，我向他出示了違反銀行法「類似收受存款」的同夥提供給受害人的投資說明書，說明書內用華麗的圖表說明：只要投資一定金額，就能獲得大筆利息，並且強調養豬場的前景一片光明。

「他們眞的有將這些說明書派發給受害人嗎？」

拿著我給他的投資說明書，金成源彷彿初次看到這些資料一般，搖了搖頭。接著將說明書翻到背面，認眞的看了一段時間後，長嘆了一口氣。我原以爲他終於意識到自己犯下了何等罪行，沒想到接著他竟說出了令人意外的話：

「律師先生，我老實告訴你……我看不懂韓文。」

我眨了眨眼，一開始沒聽懂他的意思。

「你說什麼？」

反問幾次後，我才弄懂了情況。

金成源沒有接受完整的國民教育，所以除了自己的名字之外，幾乎沒有一個看得懂的字。

儘管我不禁懷疑現今社會究竟是否眞有這種人，但在和金成源談話後，發現那不像是謊言。

看他不好意思的低著頭，我的心情明朗了不少，因爲終於產生可以幫他爭取無罪的信心。目前警方和檢察機關主張的犯罪證據中，金成源與其他人合夥，以欺騙受害人爲目的勸誘投資。但是連國字都看不懂的人，又能如何進行詐騙行爲？我可以笑著並且自信滿滿的說：金成源最初告訴我的辯解全是事實，他僅單純爲來訪的客人泡咖啡和按摩肩膀。

「太好了，這樣反而更好。我能夠證明你是無罪的，請不用擔心。」

金成源小心翼翼地開口：

「律師先生，你會公開我看不懂韓文這件事嗎？我拜託您，請不要在法庭上提起我不識字。」

他居然拒絕了能夠證明自己無罪的唯一方法？這又是什麼意思？我深呼吸之後，仔細說明了目前的狀況：

「如果按照現在的狀況進行審判，你可能會被判處三年有期徒刑，而不識字是能夠證明你無罪的最明確有效的方法。」

然而，金成源仍堅持己見：

「受害人都是鎮上居民，審判時也許全部鄰居都會到法院關心。我兒子目前就讀高三，但他不像我，成績非常優秀。幾個月後他將參加大學入學考，如果我不識字的事實被揭露，他會淪爲鄰居間的笑柄，也許就無法好好地準備考試了。」

我再次嘗試說服金成源：

「性罪犯的相關審判，也有經審判長許可、讓旁聽者全數退場後，再進行審判的方法。而此次事件只要向審判長說明情況，我們也能夠進行非公開審判。」

不過金成源表示無論用任何方式，他都不願意公開自己不識字的秘密，拜託我一定要採納他的意見，實在束手無策的我只好採取最後手段，那就是威脅。

「目前你被拘留了兩週左右，感覺如何？很辛苦吧？要是沒處理好，少說要花三年，未來三年你都得在監獄裡度過。我相信令郎可以理解，難道他會希望自己父親受苦嗎？」

金成源語帶遲疑地開口：

「律師先生，不方便的話，不幫我辯護也沒關係，我就去牢裡住三年。非常感謝您願意這樣聽我說話。」

確認他的想法後，我決定修改辯護方向，將主力著重於放大他缺乏進行詐欺行為的膽量這一點，從那時刻起，進行了三個月的激烈法庭攻防戰。

由於主嫌早已逃跑，剩下的共犯們無論如何都想證明自己的參與程度低於其他人，於是上演了相互推卸責任的醜陋場面，金成源也無法倖免。拉攏他去幫忙的前輩也爲了幫自己脫罪，在法庭上說出是由金成源進行重點投資說明的虛假陳述。儘管遇上這種場面，金成源也只能用呆滯的眼神看著那位前輩。

因爲缺乏反駁證據，我四處打聽並訪問受害者家屬，請求他們協助提供證據，表示誘導投資的另有其人，金成源並沒有做出任何具體投資說明。

受害人卻反問：「成源做對了什麼？我們必得站在他那邊？」我苦口婆心地反覆勸導：「難道你們一定要送無辜的人去坐牢嗎？」幸好找到了兩位和他關係友好的證人願意配合作證。

我向兩位證人的提問內容如下：

「參加投資說明會時，發放書面資料的人是誰？」

「依照投資說明資料主持會議的是誰？」

「在會議過程中，金成源先生負責哪些事？」

「金成源先生有親自向您說明過投資內容嗎？」

漫長的法庭辯論結束後，終於宣布被告人的一審判決結果。金成源除外，其餘五名共犯被判處有期徒刑一年至三年不等，而金成源則因參與程度低，被判處有期徒刑一年、緩刑兩年。只要受到緩刑宣判就會暫時釋放，於是他時隔四個月後，回到了家人的懷抱。

又過了一個月，我接到他的見面邀約，便來到事務所附近的餐廳，他和妻子以及兒子正在餐廳內等著我。

「這段時間您眞的爲我費了很多心思，還沒能好好地向您道謝，我們過來是希望請您吃頓飯。」

之前只看過身穿藍色囚衣的金成源，突然看到他穿著正式西裝的模樣，不知爲何有些陌生。我們一邊用餐一邊聊著各式各樣的話題，令我留下深刻印象的，是他兒子對待父親畢恭畢敬的態度，和其他同齡孩子截然不同，金成源在兒子面前是一位非常有威嚴的父親。用餐時，他兒子對我說了這樣的話：

「這次目睹父親的審判，讓我下定決心要考取法律系。律師爲了無辜之人努力的模樣非常帥氣，我也想要成爲能幫助有困難者的律師。」

我忍不住有些鼻酸。用完餐之後，我看著金成源夫妻倆緊緊牽著兒子雙手離去的背影，原來不惜用三年有期徒刑交換也要守護的，就是父親的尊嚴嗎?!

人們會依照自己的價値觀做出各種選擇，所以用自己的標準來評斷「別人也會這樣」，是非常危險的行爲。

爲了讓兒子順利參加大學考試，甘願忍受三年監獄生活的想法顯然不是尋常的選擇。當然金成源所考慮的並不只是考試本身，他更不願意失去一直以來在兒子面前展現出來的、那專屬父親的威嚴。不過，即使如此，如果代價是有期徒刑三年，我們能夠做出和他一樣的決定嗎？

即使沒能讀書、即使貧窮，金成源也是比任何人都要偉大的父親。但也不僅只有他一人，我想和這世上每一個爲了子女隨時做好準備拋棄自我安危的偉大父親說聲加油。

編注：

①訟務科，是負責協助律師調查和處理訴訟相關事務，並確保案件現場證據發揮作用的部門。在臺灣，就工作內容來說，相當於律師助理的職務。

②類似我國法律制度的指定辯護人。

③也就是非法吸金，俗稱老鼠會。

犧牲奉獻的姊姊要老父限期搬家

朴科長心地善良，一向對於身處困境的委託人無法置之不理，負責訴訟相關事務的他，一邊搔著頭一邊踏進我的辦公室。

「律師，這個案件不太好處理，但拒絕又有點說不過去，情況太尷尬了。可以請你至少幫他們諮詢一下嗎？」

朴科長是出了名的好好先生，法律事務所的訟務科科長通常會優先受理能夠賺大錢的案件，對收費也很嚴謹，朴科長則因爲心地善良，對於身處困境的委託人無法置之不理。

就這樣順勢受理的案件內容很奇特，姊姊向居住在自己名下房產內的父親和弟弟提出了「搬出這棟建築物」的訴訟，統整內容如下：

不動產的持有者是姊姊，目前居住於釜山，她將位於首爾的自有房產二樓借給父親和弟弟使用，沒有收取任何押金或月租。父親和弟弟在沒有繳交任何費用的情況下，已經居住了十年，直到近期姊姊開始向兩人要求簽定新的租賃合約，並希望他們支付符合市價的押金和月租，遭父親和弟弟拒絕後，姊姊通知兩人將解除現有的無償租賃合約，並要求他們搬離住處。

僅從訴狀內容來看，父親與弟弟這方幾乎沒有反駁的餘地。依照民法，在沒有特別規定期限的租賃關係中，只要房東開口要求解除合約，六個月後就會產生解約效力。也就是說，父親和弟弟打從被通知租賃合約終止後的六個月內，就必須搬離那棟建築。

經過兩回辯論，後續再進行二至三次辯論，此案的審判就會終結。截至目前爲止，父親和弟弟方沒有律師協助，都是由本人親自處理案件，但也許感受到整體走向不太尋常，似乎正在準備聘請律師。

我決定向弟弟炯旭詢問事件的原委，要是他和父親必須即刻搬離居住地，肯定連睡覺的地方都沒有，爲何姊姊會突然如此冷漠地對家人提出訴訟，我想背後一定有什麼原因。當然，炯旭也有自己的情緒，他對姊姊的行徑感到非常生氣。

「姊姊是見錢眼開的人，我的天啊，究竟怎麼能在如此嚴寒的冬天裡把親生父親趕出家門？這像話嗎？」

我試圖讓炯旭冷靜下來，並開始逐一詢問他們家族的歷史，總結長達三個小時的對話後，得到了以下結論：

姊姊和炯旭相差十歲，父親是行駛遠洋船的船夫，待在家中的時間並不多。在一次偶然的意外中，父親的一條腿嚴重受傷，導致無法再搭船出航，之後便沉迷於賭博和酒精，甚至對母親施以暴力。

最後，再也忍受不了丈夫暴力相向的母親，選擇在姊姊剛滿十五歲的那年離家出走，姊姊爲了父親和炯旭，獨自扛起家中生計。也因情況如此，姊姊只好從高中輟學，挑起照顧家庭的擔子，好讓弟弟炯旭能專心上學。炯旭靠著姊姊的幫助，才順利讀完大學。

姊姊拚命工作賺錢，讓一家三口都能享受一定程度的基本生活。此後，姊姊投入了不動產競賣，從小坪數的房地產開始逐漸擴展，直到在議政府市擁有兩棟建築。姊姊甚至爲了想創業的炯旭調撥了高達五億韓元的資金，不過對創業沒有天賦的炯旭卻讓所有資金都化成了泡沫。

此時，姊姊遇見了心愛的人。一生爲父親和弟弟奉獻的她，終於找到愛護自己的人，她非常幸福。而從那時開始，家人間的相處就出現了疙瘩。父親和弟弟強烈反對姊姊的婚事，只因男方的學歷只有高中畢業。

姊姊本身連高中都沒畢業，表示男方的學歷一點都不重要，父親和弟弟卻仍舊不准她與只有高中畢業的男子結婚，並對這樁婚事表達強烈的反對意見。姊姊認爲只要讓雙方直接見面，就能改變家人的想法，然而父親和弟弟卻在見面時，當場駁斥對方。

我無法理解炯旭所說明的狀況。

「不，爲了父親和弟弟奉獻一生的姊姊終於找到心愛的對象，兩位堅持反對的理由究竟是什麼？」

「那個人不是因爲愛上我姊姊，只是貪圖她的財產才想要結婚。他是毫無才能的人，我和父親是爲了姊姊好才反對這樁婚事。要是姊姊不小心出了什麼意外，大部分財產就會落入那傢伙手中，不是嗎？」

這樣聽來，父親和炯旭似乎對於姊姊的財產有可能被那個男人搶走而感到不安。總而言之，姊姊在那之後便和家人斷絕了聯繫，在因爲工作搬去釜山之後，爲了要把父親和弟弟趕出房產，而提出了訴訟。

我能夠理解姊姊的心情。在奉獻一生照顧父親和弟弟後，他們不僅無法祝福自己和心愛的對象結婚，甚至堅決反對，面對這樣的冷酷無情，難過加上憤怒，才讓她狠下心離開。

我查閱了先前訴訟過程中來往的所有文件。姊姊方聘請的律師將辯論主旨整理得很好，反之，父親和弟弟提交的文書內容皆是：「姊姊從小就以自我爲中心」「長大後也只想著賺錢，對父親和弟弟總是擺出高高在上的權威態度」「從對家人提出訴訟，就能看出她是多麼自私並且眼裡只有錢的人」，從頭到尾都充滿對姊姊的指責。要是繼續以這種方式進行訴訟，炯旭肯定很難勝訴。

「請一定要讓我們勝訴，要是輸了這場訴訟，姊姊一定會強行把我們從家裡趕出去。我姊姊已經瘋了，她早就失去理智。」

對於接下來的審判該如何進行，我陷入了苦惱。

「炯旭先生，你會照我說的做嗎？只有這樣，我才能接手這個案件。」

在得到炯旭的保證後，我便爲下次審判擬定了書面草案。在進行訴訟的過程中，除了在法庭上口頭說明案件內容之外，還得以書面形式整理立場並提交。在已聘請律師的狀況下，也可以由律師聽取委託人的說明後，代爲準備並塡寫書面資料提交給法庭。

不過本案並未正式委託我爲負責律師，而是維持炯旭親自準備資料的方式進行，只不過內容將有極大的改變。我爲他們擬定的書面內容大致如下：

在進行訴訟的過程中，我回顧了自己的所作所爲，才遲來的意識到，對我和父親來說，姊姊是多麼重要的人。過去這段時間是我們沒能理解姊姊的心意，尤其後悔沒能在她將結婚對象帶回家時給予眞心的祝福。甚至也沒發現，也許對方可以給予姊姊從家人身上無法獲得的溫暖。回想起來，父親和我一直以來都是姊姊沉重的負擔，無論本次案件的結果爲何，我只願不再成爲姊姊的累贅。

看完草案的炯旭一臉擔心。

「如果提交這種承認我方錯誤的文件給法院，姊姊會更意氣風發吧？這不會導致對我們更加不利嗎？」

「即使按照先前的方式進行，也一樣會敗訴。這就是最後的方法了，沒有別的選擇。」

在我的說服下，他儘管不安，仍將書面資料提交給法庭。

三週後的審判當天，我坐在旁聽席上觀看炯旭案子的開庭狀況。他的案件號碼被法官點名後，姊姊方的代理律師和炯旭一同站到法官面前，這時姊姊的委任律師開口：

「審判長，原告表示要撤銷告訴。」

審判長問：

「是嗎？那麼被告也沒有異議吧？」

被告炯旭立刻看向坐在旁聽席的我，我點了點頭，炯旭回答：

「是，沒有異議。」

審判長再問：

「好，本案確定撤銷。這代表著原告允許被告可以繼續居住在原本住的房屋內嗎？」

原告方律師回答：

「是，原告打算藉由此次機會寫一份永久性的無償租賃合約，後續作業原告已委託我全權處理。」

審判結束後，炯旭一臉茫然。我向他解釋，應該是姊姊看了我們準備的書面資料後，改變了心意。

「你看，果然姊姊就是姊姊。既然她已經敞開心扉，那麼炯旭先生以後也要對姊姊好一點才行。」

據說，炯旭和父親得以繼續住在原本的房子裡，往後家人間的關係也變得融洽許多。

律師必須在訴訟中獲得勝利。**雖然透過法律倫理強烈表達主張是勝訴的方法，但也有婉轉的撫慰對方受傷的心靈，從根本來解決問題的作法。**

在我初次聽到這段故事的時候，這位素昧平生的姊姊所承受的痛苦和孤獨彷彿能直接傳達到我心深處，若僅依法與原告爭鬥，這明顯對委託人及原告雙方都將造成傷害。原告眞心渴望的是家人對自己過往犧牲的感謝，以及對自己選擇的支持與祝福，明明知道對方眞正想要的是什麼，卻以自尊心爲由，選擇其他應對方式，是很不好的選擇。

唯有過程也美好的結局，才能眞正閃耀。究竟能爭取到帶來何種意義的勝訴，都掌握在指揮過程的律師手中。

氣壞了命，贏了官司又如何

許元佑、許振佑兄弟在父親死後簽訂遺產繼承分割協議，一年後，弟弟向哥哥提出繼承回復請求訴訟。

許元佑社長經營著從父親手中繼承的中小企業，是在光州地區擁有不少房地產的富豪。一年前，父親過世後，兄弟（許元佑、許振佑）綜合父親在世時的說法和彼此的意見，擬定了遺產繼承分割協議。

繼承分額原則上會按照離世者的遺囑進行分配，若沒有特別註明，依照民法，只需各自領取遺產分額（應繼分）即可，若繼承者之間有額外協議，即可根據協議分配遺產，這時制定的就是「遺產分割協議」。

依照制定的遺產分割協議書，哥哥許元佑可繼承父親經營的中小企業和光州地區的房地產、弟弟許振佑則可繼承等值十億韓元的金融資產和全州地區的房地產。

一年後，許振佑對哥哥許元佑提出了繼承回復請求權的訴訟。

訴訟內容是：現有遺產分割協議書並非以許振佑本人的眞實意願撰寫，而是受許元佑單方面施壓後擬定，所以應視爲無效。此外，許元佑早已從父親那裡取得不少金錢上的優待，理應扣除這些部分後，重新進行遺產分配。若是許振佑的主張被法院受理，許元佑將遭受相當大的損失。

「我弟弟就是個麻煩製造者，在父親和我想盡辦法壯大公司熬夜奮鬥的同時，這傢伙只是仗著富家子弟的身分，隨心所欲的生活。」

許元佑的話中參雜著經年累月的不悅，可以明顯感受到兄弟之間長期累積的不信任與反目成分。

「父親說無法相信弟弟，所以將財產全部轉移給我，認爲由我定期給予弟弟金援是最好的方式，不過我認爲弟弟也快五十歲了，可能會有需要用到大筆錢財的地方，才好心擬定了遺產分割協議書。起初討論協議內容的時候，那傢伙還很開心，因爲可以得到比想像中更多的遺產。」

單就法律層面來看，弟弟許振佑很難在訴訟中獲得勝利。因爲只要法院已經受理以當事人名義制定並蓋章的協議書，原則上並不會否認該文件的合約效力。若想全部推翻，提出主張的那方必須提出否認原因（本案的情況是施壓），而在兄弟關係中，即使偶爾有些許脅迫狀況發生，也不會將其視爲施壓。我對情緒有些激動的委託人許元佑這樣解釋：

「只要冷靜應對，本案勝訴的可能性很大，您不需要太緊張，只要依照程序慎重處理即可，我也會做足努力的。」

不過，他看來仍舊對於弟弟向自己提出這樣的訴訟感到非常委屈和氣憤。

而許振佑方律師所提交的書面資料中，有許多和許元佑意見相左的內容。許振佑表示自己一生都活在哥哥的陰影下，哥哥爲了挑撥自己和父親之間的關係，曾多次誣陷他。儘管哥哥的確更會讀書，也很努力遵從父親的意願做事，但他對父親並不是眞心感到尊重，只是貪圖父親的財產罷了。哥哥總是在父親身邊花言巧語，導致父親更加信任哥哥，而哥哥卻在經營公司的同時貪汙鉅額資金、以第三者名義購買房地產、從客戶企業收受賄絡，累積秘密資金……做出許多背叛父親的行爲。

收到弟弟提交的書面資料後，許元佑掩飾不住憤怒。一起進行對策會議時，也因爲無法控制情緒而大聲喊叫、流著淚向我訴苦。

「原本打官司時就容易互相指責，請就這樣想吧，只要冷靜地點出與事實不符的部分，我會整理來進行反駁。」

我盡量用不會煽動情感的方式勸慰他，許元佑卻仍舊無法控制激動的情緒。

「太丟臉了，我無話可說，也沒臉面對律師。」「我才不管這是不是訴訟，只想把這傢伙扔出去！」

這樣的事情反覆發生，弟弟持續透過書面資料一字一句的講述了更多「現在終於能說出口」的過往故事，和我進行對策會議的許元佑也一次次因爲無法控制憤怒而被氣得直跳腳，常常都爲了安撫許元佑而筋疲力竭。

「許社長，請不要那麼激動。這起案件的核心是遺產分割協議書是否在合情合理的狀況下制定，或是受到施壓後被迫簽訂，目前對方並未提出任何相關說法，想必是因爲沒有自信拿出實質證據，所以盡說些與辯論焦點無關的往事。這對訴訟的整體走向不會有太大影響，請您不用太過在意。」

不過許元佑依然壓抑不住怒火，說話音量大到足以穿透辦公室隔間，因此每當他來訪事務所時，我的秘書都緊張不已。

這樣的騷動延續到法庭上，兩兄弟在法院相見時，許元佑衝過去抓住了許振佑的衣領，許振佑使勁推開後，衝著哥哥大吼：

「我們依法辦事吧！你這是在幹什麼？我好歹也是個一家之主！」

出庭時，我不僅要忙於辯論，同時還得擔心我的委託人是否會一不小心就犯下暴力事件。

經過幾回審判與證人審問後，一審宣判的日期終於確定，本次訴訟進行的比預期還久，光是一審就花了大約一年的時間。最終審判結束後到宣判日前夕，許元佑變得非常焦急，每隔兩天就會在深夜帶著酒氣打電話給我。

「律師先生，我眞的很冤枉，我到底做錯了什麼？我弟弟那小子連自己犯了什麼錯都不知道，就那樣說三道四。律師先生，我們應該不會敗訴吧？一定會打贏官司吧？我最近都睡不好。」

每當接到他的電話，我只能反覆說明：「許社長，反正案件會依法根據爭議主題進行判決，請不要太擔心……」別無他法。

一個月後，宣判日當天早晨，我雖然懷抱著些許緊張，但仍對勝訴抱持信心。剛從法院出來的同事打了電話給我，果不其然勝訴了。是啊，那是當然的，我露出了勝利的微笑。很快地就接到許元佑的來電，久違的輕鬆問候：

「律師先生，以防萬一，我還是親自到法庭聽取了判決結果，眞的非常感謝您！」

不過幾天後，許元佑的女兒捎來了意外的消息。

「我父親昏倒了，目前正在加護病房。」

這是什麼晴天霹靂的消息？據說許元佑原先就患有高血壓，在訴訟進行的過程中，每當他忍不住憤怒、大吼大叫時，血壓都在危險數值附近來回浮動，回到家後又因為無法放下對弟弟的仇恨及埋怨，獨自借酒澆愁，家人也都無法平息他的怒火。當訴訟以勝利告捷，緊張解除後，他便昏倒並失去了意識。

那之後，許振佑或許是帶著對哥哥的歉意，在一審敗訴後撤銷了原先提起的上訴。兄弟間劍拔弩張的糾紛就像沒發生過一樣，然而許元佑終究離開了人世，兄弟倆再也沒有機會重修舊好。許元佑爲何要讓自己深陷在憤怒中自我折磨呢？

根據我以往的經驗，被起訴或是懷抱著委屈提出訴訟的人，一般會經歷以下的感情變化：

首先，第一階段是「不知所措」，帶著驚慌失措的情緒，費力去了解自己到底爲什麼會遭遇這樣的事情。過了一段時間後，會進到第二階段，對造成這個狀況的對象感到「憤怒」，然後會壓抑住怒火，把矛頭指向自己：「能怪誰呢？遇人不淑又不仔細檢查合約書，這全都是我的錯。」以這樣的方式自責，這就是第三階段。接著，第四階段會開始「面對」與「反省」自我狀況：「好，反正事情都變成這樣了，那就盡量妥善處理，別失去理智，就當作上了一課，這樣的經驗肯定也會爲我帶來益處。」以這樣的心態去正視問題。

有些委託人會停止在第二階段、有些則會延伸至第三或第四階段，但重要的是，能夠體會最後階段的委託人通常**不會太在意訴訟的勝敗，而會透過該案件吸取教訓，以更加堅強的心理狀態回歸正常生活**。

本次案件的委託人在第二階段停下、裹足不前，難道我也無法稍微化解他的情緒嗎？難道我不夠努力嗎？這是一起讓人永久留下傷痛與遺憾的事件。

小心，口舌利刃也會砍向己身

我幾乎每兩個月就會負責一起國選辯護案件，這次被分配到的是罕見的殺人案件。

金英浩畢業於地方大學，獨自搬到首都租房並從事出版業。由於經濟不景氣，營運業績低迷，沒能按時收到應得薪資，因此已經拖欠了三個月的房租。於是某個星期天，房東找上門來。

「你記得自己沒繳房租吧？每天都這麼晚回家，見個面都不容易……」

房東語帶不耐的責怪金英浩。

「對不起，因爲最近經濟實在不景氣……這幾天我無論如何都會盡量周轉資金來繳交拖欠的房租，請再給我一點時間。」

「我已經等了你多長的時間了？我也是靠收租金過活，你老是這樣讓我很為難，我的生活也不好過啊！」

那天房東彷彿下定決心，繼續逼問金英浩：

「別再給我模稜兩可的時間，告訴我一個準確可以還錢的日期。」

金英浩不停地搔著頭回答：

「我會盡量在這個週末前準備好，真的很抱歉。」

金英浩想盡辦法要盡快結束這個話題離開，房東在轉過身後，像是刻意講給他聽般地喃喃自語：

「哎呀，這人的人生真悲哀、太可憐了……」

聽到這句話的金英浩瞬間失去了理智。

「你剛才說什麼？喂！你說了什麼？」

「怎樣？我還能對繳不出房租的傢伙說些什麼？」

「你不是說了我的人生很可悲嗎？我的人生？」

金英浩在轉眼間跑進廚房，拿了把刀出來，但房東不僅沒有被嚇到，反倒開始冷嘲熱諷：

「沒出息的人花招還眞多！」

沒能控制住怒火的金英浩用菜刀刺了房東七次，導致他當場死亡。

我在拘留所的接見室見到金英浩時，從他身上完全感受不到案件紀錄中那個可怕的犯罪者形象，他蒼白且溫順的臉龐，根本不像是會犯下可怕殺人罪的人。

「我也搞不清楚自己怎麼會那樣做，也許在聽到他說我的人生很悲哀的時候，隱藏在心裡的怪物就被喚醒了。當我回過神來，房東已經倒在地上。」

即使他人不說，金英浩也早已深陷在愧疚中，在這種狀態下房東卻狠狠地踐踏了他的自尊心，這才讓他失去了理智。

我把這次的辯護方向定爲「失去判斷能力後，身心脆弱狀態下所犯的罪」，並非經過預謀、存心置對方於死地的「殺人罪」，而是偶發性的突然失去理智，才將人殺害，主張應適用「重傷致死罪」或是「傷害致死罪」。不過若要強調並非蓄意殺人，邏輯上實在無法解釋金英浩刺了受害人七刀這個行爲，於是最終他被以殺人罪判處十二年有期徒刑。

讓善良又溫順的金英浩瞬間變身的、僅是房東的一句「人生眞悲哀」，房東想必也沒有意識到這句話會讓對方感到多麼的悲慘。

有一個著名的心理實驗曾發給人們一百張單詞卡讓他們背誦，回收卡片後，若要人們從剛才看過的一百個字卡中，寫下印象深刻的詞彙，比起正向的詞語「幸福、希望、勇氣」，人們對於負面的詞語「兔崽子、笨蛋、去死」反而更有印象。

在看到威脅或負面詞彙時，我們的大腦會開啓自我防禦機制，將那些字詞儲存在大腦邊界，引起細胞變化。心理學家表示，因爲人類保有對外部攻擊的防禦本能，便將其進化爲對於負面詞彙的敏感反應。

還有不少適用於上述邏輯的事件。二〇〇八年被媒體大肆報導的殺人事件就是其一，三十多歲的金某來到高中時期教導過自己的宋老師家中，以凶器多次刺傷對方，將其殺害。警察將他逮捕後，詢問犯罪動機，卻得到令人意外的陳述。

金某在高中一年級的某次考試過程中，被宋老師汙衊作弊並受到體罰。他向警方表示：「當時因爲被誣陷犯下不正當行爲，所以經常受到惡言相向。我在過去二十多年裡，從未忘記過這份屈辱。」

金某只要一有空就會調查宋老師的相關訊息，他透過網路找到對方住址後，便找上門要求宋老師對當初的事件道歉，但宋老師卻不肯承認錯誤，被激怒的金某於是犯下罪行。

警方爲金某進行了精神鑑定，卻未發現任何需要特別注意的狀況。儘管旁人很難理解爲何金某會緊抓著二十多年前受到體罰的記憶不放，但對他來說，這個經驗似乎成了無法忘懷的刺激，緊緊刻在大腦一隅。

也許**有些話一旦說出口，並不會消散在空氣中，而是像釘子一般扎進對方心中，有時還會生出根，隨著時間流逝越長越長**。在經手無數訴訟案件後，我發現這種情況並不少見。

幾年前我曾經手一樁兄妹間的遺產繼承問題，是哥哥與五位妹妹之間的紛爭。大哥主張過世的父親在遺囑內決定將大多數的財產留給自己，而五位妹妹認爲那份遺囑是僞造的。

我是大哥的委任律師，當時所有關係者曾聚集我的事務所，交流彼此的立場。

在聽完故事後，我發現他們家從兒時便對大哥百般疼愛，五位女兒卻遭受嚴重的差別待遇。

妹妹們輪流講述了三十多年前的童年往事，並感到氣憤不已。

「哥，你雖然不記得，但我們都在嚴重的差別待遇下長大，你是享受一切的人，現在難道連遺產都要全部據爲己有嗎？」

想當然，我的委託人甚至不記得自己說過哪些話，不過五位妹妹已藏不住怒火，吐露了各自壓抑在心中已久的疙瘩。

人們常說的：「一言既出，駟馬難追。」並不是單純的勸告，而是得時刻銘記在心的教誨。此時此刻，我們也該自我審視，是否曾不小心在他人心上扎進了釘子，留下了痛苦的種子？

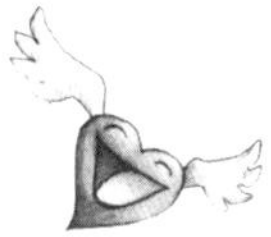

我要告發我兒子

「律師，我想向警方告發我的兒子，請幫幫我。」

打算舉發兒子的父親究竟是懷抱著什麼樣的心情？

某天，金社長毫無預警的來訪我的事務所。我和他在一場商業聚會上認識，只是偶爾會相互問候的關係，他突然現身表明想告發自己的兒子，令我瞠目結舌。

連成功的事業家金社長都無法解決的難題，就是他現正就讀高中一年級的二兒子。與就讀名門大學的大兒子不同，二兒子沒有什麼讀書天分，也許是討厭總被拿來和哥哥作比較，故意走上了歪路，最近反抗的情況也變得更加劇烈。

後來金社長才發現，自己的二兒子甚至做了不該做的壞事。不知從什麼時候開始，家裡的飾品接二連三地消失，最近連保管在櫥櫃裡的提款卡也不見，幾天後，發現約有一千萬韓元的現金被分批領出。

「都是那小子幹的好事，前幾天在我的追問之下，他已經全盤托出。我擔心再這樣下去，可能會釀成更大的錯誤，不如乾脆狠狠地教訓他一回，這是身爲父親應該教他的道理。我感到很慚愧，但我能夠諮詢這個問題的對象，除了律師您之外沒有別人，於是才唐突來訪。」

打算舉發兒子的父親究竟是懷抱著什麼樣的心情？金社長繼續說道：

「不過我有一個顧慮。雖然不是爲了包庇我兒子，但根據他的說法，他是在某位學長的逼迫之下，才不得已去偷東西；那位學長也住在我們社區，聽說已經多次進出少年感化院，也許是聽到關於我財力的傳聞，那傢伙才會接近我兒子，並進行各種威脅。」

金社長嘆了口氣，用悲壯的表情開口：

「所以坦白說，我的目標其實是那位學長。若是就這樣放任不管，可能不只我家，那傢伙說不定會指使我兒子去偷其他人家的東西。於是在事情鬧得更大之前，我想向警察告發那傢伙跟我兒子，讓他們受點教訓。我思考了好幾天，發現只有這個辦法了。」

聽完金社長的話，我陷入了苦惱，因為有一項需要納入考慮的因素。

「目前為止，令郎所竊取的只有金社長家中的物品嗎？」

「是，我非常嚴厲的問過他，目前還沒有動過別人家的東西。」

「那麼在金社長家偷東西的時候，那位學長也有參與嗎？」

「是，他們行竊了約三次左右，都是我兒子和那傢伙一起進行。」

「好，我知道了。那麼就算令郎會受到懲罰也沒有關係嗎？這應該會留下前科紀錄。」

「我已經做好心理準備了。藉著這次機會讓他們被嚴懲，應該可以讓雙方都清醒吧？我希望能讓那位學長受到更重的懲罰，他之前對我兒子說：『反正就算被抓到，你爸也不會報案。』我兒子就跟著做了，既然兩個人都犯了罪，也不能只有那位學長受罰。只是我擔心，是否我兒子反而會受到更嚴重的處分？法律上是怎麼規定的呢？」

金社長紅了眼眶，同樣為人父母，我看了也很心疼。

「我明白了，如果這是您的想法，那我會盡力協助。」

隔天，金社長帶著二兒子一起來訪，實際見到面，發現他就只是個不懂事的毛頭小孩。我向他提了幾個問題，然後撰寫了供認所有犯罪內容的陳述書。

警方開始傳喚金社長的兒子以及那位學長進行調查，由於事件的全貌早已水落石出，沒有否認罪行的餘地。調查結果顯示，被盜的物品和金錢都已被該學長使用或持有；前科調查結果顯示，那位學長已經有三筆少年犯前科和兩筆一般前科，若本案也被認定有罪，判刑的機率很高。

隨著調查正式啓動，金社長的擔憂與日俱增，自從二兒子去了兩趟警察局後，臉色開始變得凝重。

「律師先生，我兒子大概會受到哪些懲罰？」

這時我才將一直埋在心裡的正確答案告訴他：

「令郎並不會受到懲罰，請不用擔心。」

「你說什麼？」

「是的，依照刑法中的親屬相盜罪條例，他不需要受罰。」

「親屬相盜罪，那是什麼？」

刑法針對發生於直系血親、配偶或同財共居親屬之間，犯竊盜罪者，得免除其刑。這稱爲「親屬相盜條例」。金社長二兒子的情況即是對直系親屬犯下竊盜罪，依刑法規定可免除刑責。由於偷了父親所有物的兒子和被害者金社長是親屬關係，基於親屬相盜條例，他並不會受到處分，而那位學長和被害者並無任何親屬關係，故將受罰。我沒有一開始就向金社長說明這件事，是擔心他不小心會濫用這條法規，況且最初報案的目的就是爲了給他兒子一次嚴厲的教訓，才能眞正達到嚇阻作用。

儘管沒有繼續調查，而是進行了結案處理，那位學長被認定爲竊盜慣犯，判處有期徒刑一年。原本從容不迫地想著「難道他會爲難自己兒子嗎？」的流氓學長，最終害自己落入了圈套。

那之後每當見到金社長，我都會詢問二兒子的近況，不知當時的當頭棒喝是否成爲良藥？據說他已不愛惹事生非，安分過著日子。

俗話說：「孩子只有揣在懷裡時是孩子。」意指子女小時候會聽從爸媽的意見行事，長大後則會按照自己的意志行動。我在爲他人進行法律諮詢時，遇過不少子女闖禍後，抱著罪人心態前來諮詢的父母。

闖禍的子女中，雖然有理解父母的心態進而自我反省的類型，但也有仍舊不懂事的擺出「反抗是我的特權」姿態、不知人間險惡的類型，這種時候都會想起父母常說的話：「你一定要生個和你一樣的孩子來撫養看看！」

對於不惜讓百般疼愛的兒子成爲前科犯也要讓他清醒的金社長來說，**親屬相盜條例就像是法律贈予的意外之禮，當然即便如此，也不能惡意使用這條法例。**

三兄弟之爭

二十年前，金家三兄弟協議將父親名下的五千坪稻田，轉移到陪在父母身邊幫忙務農的最小弟弟金榮學名下。

老大金奉學和老二金秉學在首爾讀完大學後，便各自投入事業並開始職場生涯，對讀書沒太大興趣的老三金榮學則在鄉下陪伴父母務農。兄弟間也達成協議，將每年家中稻田生產的大米分配二〇%寄給老大和老二，其餘交給老三直接使用或銷售來貼補家計，當時稻田本身並沒有什麼價值。

經過二十年後，意想不到的事情發生了。金榮學名下的稻田及周邊地區被指定爲待開發區，由政府徵收後，會給予一百億韓元左右的補償金。對於務農了一輩子的金榮學來說，好比天上掉下一筆橫財。

心地善良的金榮學認爲，儘管那片土地是登記在自己名下，但畢竟是從父親手中繼承，算是他和哥哥們共同擁有的財產，於是苦惱著該如何和兄長們分享那筆補償金。

接著，某一天兩位哥哥來到金榮學家裡，不分青紅皀白地遞給他一張保證書。對務農以外毫無所知的金榮學看了保證書的內容感到困惑，兩位哥哥僅以「這已經由專業律師鑑定，不會出錯」爲由，催促他趕緊簽字。而他大致看過內容後發現，他們打算將該片稻田得以分配到的補償金分給老大五〇％、老二三五％、老三一五％。

金榮學提出自己的分額是否太少的疑惑，兩位哥哥卻解釋：「你已經使用這片土地很長一段時間，而且繼承法本來就會給老大和老二比較多分額。」（這當然也是謊言，民法裡兄弟間的繼承分額完全相同）敦厚老實的金榮學敵不過哥哥們的糾纏，在保證書上簽了名。

來找我諮詢的是金榮學的兒子金齊亨，他非常憤怒。

「不管在烈日下或風雨中，我父親一直以來都勤勤懇懇地辛苦種田，我也一樣。每年秋天收割時，父親都會按時把大米裝進麻袋內，寄給那些未曾幫過一丁點忙的伯父。當初把爺爺名下的稻田轉移給父親，也是大家都同意的事情。況且在這之前，他們不曾關心過這塊地，過去二十年裡，這片稻田的所有相關稅金都是由我們繳納，爺爺奶奶也都是由我和父親照料。」

我收到金齊亨父親所簽字蓋章的保證書後，仔細研究了內容，大致如下：

1.金榮學決定將自己名下，位於京畿道江華郡五千坪土地，分配到的徵用補償金中的五〇%贈予金奉學、三五%贈予金秉學。

2.此外，過去一直使用上述土地耕種的金榮學爲了將收益歸還給兩位兄長，決定承擔上述第一條款所描述的金額分配過程中產生的所有稅金。

「這是對您父親非常不利的內容，怎麼會貿然就簽名蓋章呢？」

「剛拿到時，我父親也非常驚訝，但迫於兩位伯父的威脅，他們說這樣才符合法律，所以只好簽名蓋章。但嚴格來說，他是受到威脅才動筆，這份保證書應該無效吧？」

我搖了搖頭。

「儘管民法裡的確有遭受威脅、因恐懼簽訂合約後，能被無效處理的規定。但是法庭上視爲『認定受到威脅的範圍』非常窄。若是被持以凶器威脅，或是非常危險的狀況還有較大的機會，但僅是口頭威脅逼迫，似乎不足以使保證書失去效力。」

進行諮詢的過程中，我內心也不好受，這兩位兄長實在太貪心了。尤其是「分配過程中產生的稅金也由金榮學全部負擔」這部分，對金榮學來說會是致命的毒藥條款。

目前稻田是在金榮學名下，因此補償金先歸金榮學所有，再分配給兩位哥哥。這麼一來，一開始收到一百億韓元時，就會被收取一次稅金，將剩下的金額分贈給兄長時，又會再被收取一次稅金。依照保證書的內容，一切相關稅金都將由金榮學負擔，那麼這筆一百億元的補償金，最後實際到他手上的金額也許不到五億韓元。

「我父親總是爲伯父們感到驕傲，他常說他們和自己不同，兩位都很會讀書，所以去了首爾的大學，還找到很好的工作。不過其中一位經商失敗，積欠了不少債務，另一位則是勉強度日的月薪族，聽說了這筆補償金之後，整個見錢眼開。現在不管用什麼方法，我父親都希望能讓保證書失效，讓三兄弟能正當的各拿走三分之一。律師先生，請問眞的沒有辦法嗎？」

對律師來說，面對委託人提出這種將已經簽名蓋章的文件變成無效的要求，會非常爲難，因爲法院幾乎不會認可這種要求。基本上，法院會將「本人簽名蓋印的文件」按照記載內容直接生效，這代表簽名和蓋上印章在文件上有著極爲重要的法律效力。

不過兩位兄長過分的貪念，讓務農了一輩子的小弟在一百億韓元的補償費用中，僅能獲得區區五億韓元，這樣不公平的結果連我也感到氣憤。我決定再深入思考一下，便先請委託人回去了。

「啊，原來這樣做就可以了！」在苦惱了好幾天，仔細查閱所有相關法條後，我終於拍了膝蓋，想到一個妙計。不過因爲是個「奇妙」的對策，我有些擔心委託人能否接受這個提案。

當齊亨再次來訪事務所時，我小心翼翼地開啓了話題：

「我苦惱了許久，想到了一個方法，不過不曉得您能不能接受。」

「請盡管說，現在我和父親能相信的人，除了律師您之外沒有其他人了。是什麼方法呢？」

我仔細地向他說明：

「首先，稻田是在您父親名下，原則上補償金也歸您父親所有。而他選擇無償將補償費用分享給兩位兄長，這樣沒有任何代價的給予在法律上稱爲『贈與』。目前造成問題的保證書直接記載了您父親『確定將補償金贈與』兩位伯父的內容，他若想讓這個贈與的行爲失去效力，有一個方法可以撤銷贈與。」

韓國民法針對撤銷贈與行爲有兩項規定，其中一項爲「受贈者對贈與者本身、配偶或子女犯下罪行時。」換句話說，受贈者金奉學、金秉學若是對贈與者金榮學或是他的兒子金齊亨做出某種犯罪行爲，金榮學就可以撤銷贈與約定。

金齊亨歪著腦袋開口：

「犯罪行爲指的是什麼……我不太能理解。」

我搔了搔頭後回答：

「其實只要您和您父親被伯父們揍個兩拳也算數……」

齊亨一邊說著「什麼？」一邊睜大了雙眼。也就是說，如果補償金的贈與者金榮學或是他的兒子金齊亨被受贈者金奉學或金秉學攻擊後受傷，就會構成刑法上的傷害罪，成爲足以解除贈與的犯罪行爲。我把這個「妙計」說了出來，但不知道齊亨會如何理解，所以小心地解釋一番，之後他陷入了沉思。

過了一個月左右，齊亨再次來訪，並遞給我一個黃色信封袋。

「這是父親和我的驗傷診斷證明書。」

齊亨和我分享的故事大致內容如下：

中秋節當晚，全家人聚在一起時，齊亨向伯父們討論了保證書內容的不當之處，要是平時的狀況，金榮學肯定會勸阻兒子，不過這次卻委屈的一起爭辯。總是溫順的小弟一臉嚴肅的回嘴，兄長們認爲金榮學不懂規矩，推了他和兒子一把後再打了他們一巴掌，金榮學被推倒之後，頭撞到了一旁的櫥櫃。隔天，金榮學和兒子分別從醫院收到了需接受治療兩週和一週的診斷書。

由此可見，平時兩位哥哥是多麼的不尊重小弟。我附上齊亨交給我的診斷書，向金奉學和金秉學提出記載著以下內容的通知書。

收件者：金奉學、金秉學
寄件者：金榮學
寄件者代理人：曺祐誠 律師
題旨：贈與合約解除通知

1. 閣下（金奉學、金秉學）和金榮學之間，於二〇××年××月××日，曾簽訂關於仁川市江華郡稻田徵收補償金的贈與合約。
2. 不過閣下在二〇××年××月××日中秋節當晚，對贈與者金榮學與其兒子施暴，導致上述二人被診斷需接受爲期兩週及一週的治療。閣下二人共同施加暴力的行爲，觸犯了暴力行爲等處罰相關法律第二條第二項的罪名。

3. 根據韓國民法第五五六條第一款第一項，受贈者（接收贈禮的人）對贈與者本人或其直系血親進行犯罪行爲時，贈與者可以撤銷贈與合約。

4. 因此，贈與者金榮學正式解除與閣下的贈與合約。

二〇××年××月××日

上述發言人

曺祐誠 律師

根據我寄出的證明文件，保證書已不具有法律效力，因此稻田的徵收補償金全數歸土地持有者金榮學所有，兩名哥哥對此沒有任何干涉的權限。兩人對於補償金過度的貪念導致他們最後一分錢都無法獲得。

最終，兩人前來向金榮學反覆道歉並請求原諒，三兄弟在我面前再次簽訂了協議書。新制定的協議書主要內容爲：「賠償金將由三兄弟各獲得三分之一，並各自承擔三分之一的稅金及其他公共費用。」金榮學最後在總額一百億韓元的補償金中，扣除稅金後可獲得大約二十五億左右。

律師的工作是什麼？當然基本上是投入紛爭，站在一方與另一方進行爭鬥，但我們有時候也會成爲在整體構圖中，規畫出最理想結果的人。

一百億韓元的高額補償金讓兄弟們暫時蒙蔽雙眼，不過透過微妙的諮商，三兄弟的事件最終在公平的分享下結束，我想這也是他們過世的父親所期望的結果吧。

非分之福的陷阱

金源哲社長因僞造文書、累積一百億的赤字而被拘留。

朴宰元社長任意使用被收購的企業資金，以貪汙罪被拘留。

房地產業趨勢原本就不透明，爲了呈現經營順利的假象，金源哲僞造了事業企畫書，讓熟人假扮買房者、僞造文件並進行貸款，爾後隨意使用該資金。金社長被判處五年有期徒刑，收押至安養教導所。

朴宰元因在韓國創新板股票電子交易市場①進行併購時，因爲隨意使用將被收購的企業內部資金，被以貪汙罪拘留，獲判三年有期徒刑後，同樣被收押至安養教導所。

金社長和朴社長在拘留所內被關進同一間房，無論從年齡或是入監順序來看，金社長都是前輩。

拘留所是尚未收到判決結果的被告和未決犯等待時預先被羈押的地方，教導所則是已經收到判決結果的被告和已決犯服刑的地方。

因此，被收押在拘留所的未決犯們在乎的僅有自己在刑事審判中，究竟會被判刑多重，以及若想在審判中提出對自己有利的事項，該注意哪些事情。

另一方面，教導所內的已決犯們都在思考之後回歸社會生活時，該做些什麼才能盡快東山再起，同時透過假釋和其他方法，致力於尋找能盡快出獄的方法。

過去的金社長是一天有二十四小時也不夠用，不停主持會議和處理業務的人。被關進教導所之後，由於鬱悶得快要發瘋，而抱著焦躁的心情試圖尋找一些能在教導所內進行的新機會。這時，他遇見了朴社長。

雖然教導所內的囚犯都覺得自己很委屈，朴社長尤其認爲自己非常冤枉，他總說再過一陣子，自己負責的併購案就能成功收尾，並自信地表示，雖然自己目前正在教導所服刑，他的合作夥伴都仍堅守崗位，有很多筆好交易正在進行，只要能籌措三十億左右的韓元，就能完成極高收益的併購。聽到這段話的金社長多次向他詢問：「你確定嗎？」

調查過程中，就算有幾位相關人員沒有被立案、遭到遺漏的情況，但已經被立案調查的嫌犯也不一定會向檢調單位透露那些漏網之魚的犯罪事實。雖然也有保護同夥的意圖，但大部分願意承擔同伴罪行的狀況，都是爲了方便之後回歸社會時，可以拿來作爲條件交換的籌碼，這被俗稱爲「投保」的一種。

金社長因破產案遭拘留時，同樣也保護了幾位具有嫌疑的同夥，這之中包含了A銀行的韓分行長。A銀行曾是他的主要交易銀行，成功貸款五十億韓元後，金社長給予韓分行長相當豐厚的回扣，要是這個事實被傳開，韓分行長將被以「違反特定經濟犯罪加重處罰等相關法律」，受到嚴重的懲罰。

當時檢調單位著重於調查金社長的資金使用，試圖查明是否已流向金融圈，但金社長始終沒有坦承自己向韓分行長提供回扣的事實。當時韓分行長非常憂心，擔心金社長會公開此事而煞費苦心，但最終，韓分行長在金社長的幫助之下，並沒有受到刑事懲罰，而得以繼續職場生活。對金社長來說，就是替自己向韓分行長買了份「保險」。

自從聽到朴社長表示：只要投資三十億韓元就能獲得高額收益，金社長便想到了韓分行長。他向朴社長暗示：

「讓和你比較信任的同夥去聯絡A銀行的韓分行長，說是我派去的人，他就不會置之不理。只要利用幾位椿腳，各貸款五億韓元來籌募資金就行了，我會另外給韓分行長寫信告知。」

金社長看準了時機，想讓韓分行長償還爲他掩蓋犯罪事實的代價；朴社長則意外的在教導所內獲得了籌備併購資金的機會。

爲難的是韓分行長，令他感到芒刺在背的金社長向他捎來了信件：

「最近有人會去找你，就把他當作是我，接受他的請託吧。」

果不其然，幾天後某個人找上門，劈頭就要求申請三十億韓元的貸款。韓分行長進退兩難，若是拒絕此要求，金社長很有可能向檢調單位透露回扣事件，那麼自己不僅會受到刑事處分，可能連職位也不保。若是按照金社長的要求進行，向未符合資格的公司借出貸款三十億韓元，以後肯定會出問題。

苦惱了幾天後，韓分行長抱著先解決眼前問題的心態，儘管勉強，仍決定提供貸款。他和朴社長派來的同夥一起整理資料後，向總行審查部提交了僞造的文件，利用六家企業、各貸款五億韓元，合計貸款三十億韓元。

之後情況變得如何？朴社長的同夥拿到貸款後，隨心所欲地使用了該筆資金，導致公司倒閉。由於貸款未能回收，A銀行對貸款過程進行監察，進而發現了僞造文件，韓分行長以「違反特定經濟犯罪加重處罰等相關法律」被拘留起訴，同時A銀行也將韓分行長名下的公寓進行了假扣押處置。

來找我諮詢的韓分行長哽咽地說道：

「我一直都很不安，最後事情就這樣爆發了。我和金社長的惡緣導致了這個結果，現在該怎麼辦才好？」

韓分行長在接受金社長提出的甜蜜誘惑時，應該沒料到會有如此嚴重的後果。

《菜根譚》中，有著這樣一段話：

非分之福，無故之獲，非造物之釣餌，即人世之機阱。此處著眼不高，鮮不墮

彼術中矣。

爲了從自己代爲掩飾罪行的對象那裡獲得回報，而盤算著另一次犯罪，是教導所裡囚犯的危險欲望。另一方面，教導所外也有無數不安的靈魂，因爲夢見「把保險金還我！」的惡夢輾轉難眠。這些人無論身在教導所內或外，內心早就和被監禁的囚犯沒兩樣。

身爲律師，讓我反覆看到許多利用不正當方式獲取財富的人會有什麼結果，所以儘管偶爾會閃過一絲貪念，也會因爲可以預想到結局而克制自己。畢竟天下絕對沒有免費的午餐。

編注：

① 韓國科斯達克（KOrea Securities Dealers Automated Quotation, KOSDAQ）爲創新板市場，隸屬韓國證券交易所。成立於一九九六年七月，與美國納斯達克（NASDAQ）一樣都是股票電子交易市場。

爲了報恩，犯了罪也不悔

朴政道從二年制大學畢業後，以約聘身分進入S通運，憑藉誠實和耿直的個性，四年內就晉升到科長的位置。

無論被交代什麼事，他都不推辭，總是爲了得到最好結果而努力，因此受到S通運崔老闆的深深信任。

崔社長在公司聚餐時常說：「出身名門大學、頭腦好的年輕朋友都只爲自己的利益著想，就算來十位也比不上朴科長一人，朴科長是我們公司的寶物。」不吝於公開表達對他的稱讚。政道也對崔社長心存感激，平時內心埋藏著對於學歷的自卑感，所以崔社長的認可和稱讚讓他獲得了很大的力量。

不過也許是好事多磨，在崔社長將政道從科長特別晉升爲次長的一個多月後，政道所居住的獨棟住宅卻發生了火災，整間房子不幸全被燒毀。幸好當時政道的妻子和孩子們正好外出，並沒有造成人員傷亡，不過消防署和警方的鑑定結果表示，是政道妻子的失誤導致失火，因爲她出門前沒有關閉瓦斯開關。於是政道必須向房東支付賠償金，並另覓新居。

這對於當時年薪爲三千五百萬韓元的上班族來說，簡直是前途一片黑暗。儘管考慮過是否要向公司提及這件事，但也不一定會得到幫助，於是他選擇利用其他藉口，申請了從未使用過的年假，打算利用一週時間想辦法籌措資金。他跑遍銀行諮詢貸款事宜，並聯絡周圍的親戚，但結果並不理想。

結束休假回歸工作崗位的那天，崔社長把他叫進了社長室。在公司最忙碌的時期請了一週休假，政道非常過意不去，他抱著挨訓的心理準備來到社長室。一進門，就聽到崔社長的斥責聲：

「我說你啊，明知道我有多麼的信任你，卻還是這樣嗎？眞是令人失望、太失望了！」

政道邊磕頭邊尋求原諒：

「對不起，社長。明知道公司很忙，還因爲私事而長時間離開崗位，我眞的很抱歉。」

「你在說什麼？聽說你家失火了？爲什麼不告訴我這件事？我們又不是外人，我太傷心了，快把事情的始末說清楚。」

崔社長意想不到的反應觸動了政道這段時間累積在心底的情緒，他一邊流下悲傷的眼淚，一邊說明了情況。聽完政道的話之後，崔社長問他需要多少資金。

隔天，崔社長再次把政道叫進社長室，然後拿出一個白色信封交給他。

「社長，這個……是什麼？」

「別多說，先用這個解決問題。這不是公司的錢，是我個人的資產。就當作是大哥給你的補貼，也不用還我了，趕緊解決急事，回歸崗位吧。」

政道伸出顫抖的雙手，心懷感謝地接下了信封，他已經顧不上面子，也沒有推辭的餘地。信封裡的金額高達一億韓元，等同於政道三年的年薪。他用這筆錢向房東支付了賠償金，並順利支付新租屋處一整年的房租，彷彿有人在懸崖邊爲他垂下了救命稻草。

那時，崔社長正在逐漸擴大S通運的事業版圖。除了S通運最初的事業版塊：電子裝備通運外，考慮到當時處於上升期的房地產景氣，公司決定進軍房地產事業。房地產專家時常來到公司與崔社長開會，S通運新設立了以開發房地產市場爲目的的子公司：SFNC公司。

崔社長將政道任命爲SFNC公司的代表理事，政道對於崔社長破格的人事安排感到驚訝，居然給了自己這樣的機會……對於如此信任又給予自己支持的崔社長，政道認爲他就是自己的君主，即使把自己的餘生都奉獻給崔社長也在所不辭。

當時提供給崔社長建議的幾位房地產專家，向他推薦收購位於東大門市場的二十層住商兩用建築。前樓主因無法償還銀行債務而將大樓拍賣，得標後若是重新裝潢再轉手，將可獲得龐大的利潤。

SFNC在崔社長的指揮下進行了大樓的收購案，雖然政道是名義上的代表理事，但所有決定都仍遵照崔社長的意思，政道的角色僅用作推動已決定好的事項，就連代表理事應該要親自管理的公司印鑑，也是由崔社長的秘書室直接保管。

SFNC爲了得標，決定向A互助儲蓄銀行貸款三百億韓元。由於需要相關人士的聯合擔保，母公司S通運的負責人和SFNC的代表理事政道，以及大股東崔社長都在貸款文件上簽了名。

時光飛逝，不知不覺間過了三年。公司在東大門的建築案外，也進行了五項不動產案件。在處理的過程中，政道以SFNC代表理事的身分，利用聯合擔保預借的貸款金額幾乎高達一千億韓元。

爲了追加貸款，需要設立更多的子公司。崔社長要求政道建立一些值得信任的人脈，於是政道向弟弟和小舅子借了他們的名義，並將他們任命爲新公司的代表理事，在多家互助儲蓄銀行的貸款債務上以聯合擔保人的名字簽了字。政道仍舊非常感謝崔社長給予的信任，認爲只要自己的存在對崔社長有幫助，就足以感到欣慰。

不過冒險的行事終究招來了禍端。房地產案成敗的關鍵是出售，對於投入鉅額貸款獲取房地產所有權的SFNC公司來說，銷售必須進行得順利，讓入住者支付訂金、中期款項、尾款後入住，才能避免損失。

若是同時冒險的進行多個案件，整體銷售又未滿二〇%的狀態下，崔社長不得不透過高利貸業者來籌措資金，不過這種臨時對策並無法解決根本問題。

最終，包含母公司S通運在內、SFNC及旗下所有子公司全部破產，加上貸款過程中行使的不正當行爲，以及處理建築許可權的過程中，崔社長向相關人士進行賄賂的事實被揭發，連帶崔社長也一同被拘留。

政道作爲SFNC代表理事，需要承擔高達一千億韓元的債務。他雖然四處奔波，竭盡所能地收拾殘局，但少了原本像支柱般撐起大局的崔社長，空缺實在過大，政道無法獨自承擔起這樣的債務規模。

此外，因涉嫌以不實的事業計畫爲依據，欺騙互助儲蓄銀行並獲得貸款，政道被金融監督院以詐欺罪告發，將接受檢察機關的調查。如果金融監督院所揭露的事實皆被定罪，政道將被判處五年以上的有期徒刑。

因信任政道而借出名義的親弟弟也成了兩百億韓元貸款聯合債務的擔保人，不僅淪爲信用不良者，高利貸業主們甚至時常找上門威脅他的家人，就算政道的弟弟和他們爭論「我只是把名字借給他們而已」，也毫無幫助。

政道的弟弟爲了保護家人，和妻子協議離婚。不久後，他因爲對自己的處境感到悲觀而自殺身亡。政道爲了事業動員的七名親戚也因無法償還聯合債務而淪爲信用不良者，連私人的財產都全部遭法拍處理。

就算到了這種地步，政道也不曾埋怨崔社長。

「現在回想起來，崔社長仍是我的恩人。就算親戚會埋怨我和社長，但我不會。我不會埋怨崔社長，因爲他是在我最艱難的時候向我伸出手、給予我這種沒出息的人信任的人。我真的很對不起我弟弟，我不該拖他下水……儘管如此，崔社長……我仍舊不會埋怨崔社長。」

以上是我爲了幫被金融監督院告發的政道辯護，和他在首爾拘留所見面時聽到的完整故事。

崔社長對政道釋出的善意應該很純粹，我看不出這份心意裡參雜了任何不單純的動機，問題出自於政道接受善意後的心情。**收下巨大的善意後，無論是誰都會覺得自己欠下了債務，不管用任何方式都想要盡力償還這心靈的債。**這樣的負擔感導致政道無法以客觀的角度作出合理判斷，甚至帶給許多人無法挽回的禍害。

對在困境中的人釋出善意，以及對於這種恩情回報深深的感謝之情。這樣溫暖的循環究竟是在哪裡出了差錯？直到最後也不願埋怨崔社長的政道，我看著他的雙眼，久久不能忘懷。

未被舉發的教授，最終仍丟了命

尹教授是收賄事件的嫌疑人，遭到警方收押。

他的妻子哭訴：「真的冤枉，他是一輩子專注於教學的人……」

尹教授是國立大學收賄事件的嫌疑人，他的妻子在尹教授被拘留的那天下午哭著來找我。身為大學國際經營系主任的尹教授，因聘用委託從宋博士手中獲得了等價五千萬韓元的賄賂性畫作而遭到警方收押。

然而尹教授的妻子卻對這起事件的始末有著不同的說明。某一天，大學經營學系的學科長，同時也是尹教授的前輩——裴教授將宋博士介紹給他，並囑咐他特別留意宋博士的教授聘用流程。然而為人耿直的尹教授對於透過前輩進行人事請託的宋博士，卻留下了不太好的印象。

據傳聞，宋博士贈與裴教授相當高額的現金，對於平時以固執個性聞名的尹教授，則贈與了名畫而非現金。

尹教授的妻子收到快遞送來的畫作時，尹教授正在歐洲參與經營學會議。會議結束後，尹教授一回國就把宋博士贈與、來歷不明的畫作退回，也在教授任用的審查過程給出了宋博士不適合擔任教授的意見，宋博士最終在審查過程中被淘汰。對此事感到不滿的宋博士向警方報案，宣稱自己向尹教授提供了價值相當於五千萬韓元的賄賂品，此事便升級成刑事案件。

尹教授在進行新任教授審查時，考慮到前輩裴教授的面子，沒能當著宋博士的面表達不悅。在面試前宋博士多次來訪時，尹教授也只是詞不達意的表示：「用心準備吧，只要盡力就能有好的結果。」

不過宋博士的說法卻大不相同，他表示尹教授巧妙地向他要求謝禮，並暗示教授聘用不會有問題。宋博士似乎是鐵了心想報復給予自己不好評價的尹教授，因爲根據刑法，行賄的人也會受到相應處罰，宋博士甚至表明就算自己會受到處罰也無所謂，爲了社會正義一定要將此事公諸於世。

尹教授雖然解釋早已將收到的畫作歸還，但依照大法院的判例，如果沒有立即返還賄賂物，則是有「占爲己有的念頭」，沒有立即歸還畫作的行爲最終影響了尹教授的案情發展，儘管他辯明自己當時正在歐洲參加會議，所以無法在收到的當下歸還，警方卻不太在意這個細節。

由於當時糾正公職綱紀的氣氛高漲，國立大學聘用教授的腐敗事件是媒體報導的好素材，於是意外的被大肆報導而成爲社會焦點。故事甚至越來越扭曲，傳聞稱尹教授利用自己的地位，非法玩弄居於弱勢的宋博士，在得不到自己預想的畫作後立刻改變立場，讓宋博士落選。

我在拘留所見到了尹教授，出乎意料的是，尹教授埋怨的對象不是宋博士，而是自己的前輩裴教授。

「坦白說，我更埋怨裴教授。以宋博士的實力根本不能被聘用爲我們大學的教授。據我所知，裴教授從宋博士那裡收到了一億韓元現金。聽說宋博士的父親利用房地產賺了不少錢。」

儘管如此，宋博士卻沒對收下鉅額賄款的裴教授提出任何異議，而只指責尹教授。既然如此，我便向他提議，是否乾脆讓裴教授也一併接受調查。

「聽了尹教授的話，我才知道這件事的核心是裴教授。如果裴教授確實收下了宋博士贈與的賄款，那就必須一併告發。這麼一來法院和檢察機關看待這起案件的角度也可能會變得不一樣。」

對於我的提議，尹教授的反應令人意外。

「但我於心不忍，裴教授以前對我很好，他是很會帶領人的前輩。更重要的是，裴教授的母親目前正在加護病房，若是我說出這件事，裴教授便會立刻遭到拘留……這也不是我所樂見的情況。」

「尹教授，目前您所涉嫌的五千萬韓元收賄罪可能被判處三年有期徒刑，但如果能夠證明主犯其實是裴教授，而您充其量就只是從犯，很有可能以緩刑的方式被釋放。」

我向他強調，若是不改變整件事的布局，所有的罪可能都會落在他頭上，不過儘管尹教授多次猶豫，仍舊表示不忍告發裴教授。由於無法說服尹教授，我只好排除裴教授的部分，專注於準備爲他的犯罪事實做辯論。話雖如此，尹教授也非聖人，對於自己的委屈仍舊感到非常不知所措。

「人怎麼能這樣？裴教授居然連一次都沒有來會面。虧我這麼努力爲他掩蓋罪行，眞是連睡覺都會被氣到醒來好幾次，他一定會遭天譴，我最近每天晚上都在祈禱，儘管無法將他繩之以法，也希望他受到上天的懲罰。」

我安慰並說服尹教授，既然不打算讓裴教授捲入這起案件，就把注意力放在自己身上吧。最終尹教授以收賄罪被起訴，在拘留狀態下接受了刑事審判。

在被起訴後兩個月左右，尹教授的妻子爲了準備下次審判再度來訪，並告訴我一個令人吃驚的消息。

「律師先生，上週末在中部高速公路上，發生了一起十輛車追撞的交通事故，您有看到電視報導嗎？」

一天內會發生好幾十起交通事故，我怎麼可能全部都知道？我回答沒看到後，尹教授的妻子接著說：

「發生了十輛車追撞事故，一人死亡、五人受傷，其中那名死者就是裴教授，只有裴教授在那場車禍中身亡。目前學校已經人仰馬翻，不僅我丈夫被拘留，裴教授甚至在車禍中身亡……」

聽完我渾身起了雞皮疙瘩。尹教授在拘留所內每日詛咒的對象居然是十輛車追撞事故的唯一死亡者……要是尹教授向檢察機關表明裴教授的收賄事實，他就會被拘留，那麼也就不會發生交通事故。聽到這個消息的尹教授也同樣驚訝，好一陣子說不出話。

尹教授在一審判決中被判處一年六個月的有期徒刑，二審和三審中維持了一審的刑期。尹教授雖然被剝奪了國立大學教授的職務，出獄後被學生的公司聘請為顧問，至今仍在積極的寫作和進行演講活動。

老子的《道德經》中有句話是：「天網恢恢，疏而不失。」意思是：「上天的網絡又大又寬，看似很稀疏，但卻不會漏掉給善者賞賜，以及給惡者懲罰。」

比連結全世界的網際網路還要更可怕的就是天空之網，有時我們會想：「別人應該不會知道吧？」**即使做點壞事也不會被發現，但天上的網絡卻比想像中更加的縝密。**

儘管肉眼看不見，世界卻被緊密的網絡交織纏繞，我偶爾會想像，是否某些人的行爲和心願會透過這些網絡爲他人的人生帶來好與壞的影響。

直視現實的勇氣

經營了三十年中小企業的徐禮春將經營權交給兒子，退休後花了很多時間陪伴妻子，遲來的享受了人生的悠閒時光。

和往常一樣，與妻子到後山泉水旁散步時，徐禮春先生跌倒摔傷了腿。正當他不知所措、痛苦不堪時，正好在一旁運動的閔慶敦過來幫徐禮春揉了揉腿。對於兒子輩的閔慶敦禮貌的態度，徐禮春對他產生了好感，從那天起，兩人成了經常一起散步的好鄰居。

閔慶敦向他提起錢的事情，大約是在認識兩個月左右。那天也在泉水旁碰面後一起散步，徐禮春在看到與平時不同，神色略帶憂鬱的閔慶敦時，開口問他，閔慶敦支支吾吾地說：

「我小舅子肇事逃逸。如果無法和被害者和解，可能會被拘留，所以正在緊急準備和解金，現在還差一千萬元左右。雖然到處借錢，但不太容易。」

一千萬韓元對徐禮春來說不成問題，於是他迅速地開了口：

「只要你不介意，我想借你這筆錢，你覺得如何？」對此，閔慶敦面帶歉意的回答：

「我不是爲了借錢才和您提起這件事……不過老先生，雖然眞的很抱歉，但可不可以借我一個月左右？我一定會還的。」

說好要借一個月的閔慶敦，在借錢的第二十天後拜訪徐禮春的家。

「老先生，非常感謝您，我們用向您借的錢談妥了和解。托您的福，我妻子也顧到了面子，眞的很感謝您。」

在反覆道謝的同時，閔慶敦交給徐禮春一千萬借款加上利息一百萬韓元的現金及人蔘禮盒。

「我明白您並不是爲了利息而借我錢，但我眞的很想對在困難時無條件給予我幫助的您表達感謝之情。」

徐禮春大吃一驚，在這之前他遇見的人清一色都是想從自己身上獲得金錢利益，或是單方面想要得到幫助，而閔慶敦卻連利息跟禮物都一併準備，便就此認定他是與眾不同的人。

一個月後，閔慶敦向徐禮春提起自己正在準備進行某項交易，內容大略是閔慶敦的朋友正在準備併購，需要三億元左右的存款證明才能獲得該筆交易，目前缺少大約一億元，由於他知道這筆交易對朋友來說有多麼重要，所以下定決心想要給予他幫助。他誠懇的向徐禮春尋求幫助，表示如果能夠借用所需資金，只要一個月左右就能歸還。

對於用了一輩子的時間，一步一腳印養大公司的徐禮春來說，投資收購其他企業的併購是較為陌生的領域。閔慶敦向他詳細說明了交易結構，在聽完他的話之後，徐禮春沒有懷疑，並以「既然朋友有難，就幫他一次吧」的態度，爽快地借出了一億韓元，閔慶敦也承諾一個月後一定會償還。

其實徐禮春認為他不可能在一個月內還錢，不過從閔慶敦一直以來的行動看來，也不至於全數賴帳，然而這次閔慶敦又在借錢後的第二十天找上門來。

「老先生，托您的福，我朋友的交易很成功。眞的太感謝您了，您絕對是我的恩人。」

閔慶敦拿出的是借走的一億和利息兩千萬韓元，以及高級瓷器禮盒。

徐禮春試圖拒絕：「不用客氣，我又不是玩利息的人，只要還給我本金就可以了。」閔慶敦卻拜託他一定要收下。

「不，這不是我要給您的，是我朋友想要表達對您的感謝。這是您在沒有擔保的情況下，願意相信我們、借我們錢的一點小心意。」

這之後兩人的關係就像父子般親密，徐禮春的妻子被診斷出肺癌時，閔慶敦還爲她打聽有實力的醫生，並在一個月內安排好手術日程。

就這樣兩人之間的信任逐漸累積，某一天，閔慶敦向徐禮春提議了一個大型的房地產企畫。是之前成功拿下併購案的朋友所推動的新構想，如果提早買進即將發表開發計畫的地區用地，就能保障獲取相當高的利潤。

「老先生，這次不是純粹借錢，乾脆和我們一起共同持有房地產股份如何？我會負責所有仲介交易，土地登記簿也一併放上名字，應該很適合拿來作養老準備。」

儘管不是因為這個提案；徐禮春原本的確也在物色適合運用自己閒置資產的投資標的。由於他本來就疑心重，且個性嚴謹，這之前面對周遭的各種勸誘都不為所動，但從這段時間閔慶敦的處事方式看來，似乎可以將資產交付給他，於是徐禮春解除了大半先前投資的基金，拿出了十五億韓元。

但在收到錢的當天，閔慶敦就消失得無影無蹤。據後續確認結果顯示，引發問題的土地登記簿並沒有放上徐禮春的名字，甚至那個地區也沒有開發計畫。徐禮春的兒子徐敏昊社長在確認一切情況後，向我提出要對閔慶敦提起刑事訴訟。

我為了撰寫訴狀，和徐禮春見了面。不過和預想的狀況不同，他並沒有對閔慶敦生氣，反而積極的為他辯護。

「那位朋友絕對不是這種人。也許是有什麼難言之隱，可以先等一陣子再提起刑事訴訟嗎？」

他兒子徐敏昊不耐煩的責怪他：

「爸，這就是那傢伙的手段，你被騙了。」

在我提交起訴書之後，閔慶敦遭臨時盤查時被逮捕了，事件調查正式啓動。調查結果顯示了令人驚訝的事實，閔慶敦光是詐欺前科就有三筆，手法完全相同，皆是透過接近財閥們累積交情後，在關鍵時刻提出投資提案以獲取大筆資金。

「我父親絕不是那種會輕易受騙的人，連對子女也非常細心又縝密，卻被捲入這樣的事端，眞是令人吃驚。」

徐敏昊對閔慶敦的詐騙手法嘖嘖稱奇。我受徐禮春委託，安排了他和閔慶敦的特別會面，並一同參與。面對抬不起頭的閔慶敦，徐禮春輕輕地握住了他的手。

「很辛苦吧？我會努力不讓事情鬧得更大。」

閔慶敦流著淚，壓低了頭：

「老先生，我眞的很抱歉，我也是誤信了朋友的誘惑……絕對不是有心要欺騙您。因爲失去了所有的資金，我實在沒臉見您。」

「好，原來是這樣，也是有可能會發生這種事，誰都會犯錯，我能理解。」

對於閔慶敦明顯虛假的道歉，徐禮春點著頭，眞心的爲他擔憂。結束面會後，徐禮春問我有什麼方法能夠減輕閔慶敦的責罰，我告訴他，提交「不處罰申請書」便是最好的方法。

徐禮春甚至要求要在對兒子保密下進行，並請我介紹一名刑事律師。我將後輩律師介紹給他後，徐禮春親自支付了律師費爲閔慶敦辯護。儘管失去的錢一分都沒有收回，他仍親筆寫下不處罰申請書，提交給審判部。

由於閔慶敦的詐騙前科很多，本次案件預計至少會被判處三年以上的有期徒刑，但在徐禮春的努力下，僅獲判兩年有期徒刑、緩刑四年，並在一審判決後被釋放。

那之後，閔慶敦和徐禮春之間的關係我無從得知，但徐禮春的話卻一直留在我心中：

「他絕對不是故意那樣對待我，光是看他的眼神我就知道，那位朋友是眞心善待我，所以我不願讓他爲難。」

不光只是看自己想看的部分，撇開偏見和先入爲主的想法，能夠掌握並理解狀況的全貌，我們稱之爲「正視」。作爲律師，透過和委託人進行商談，會發現許多人無法正視自己的狀況，爲了幫助他們，我的工作就是盡可能從客觀的角度提出可靠資料，幫助委託人去正視自己的情況。

有些委託人明知狀況不對，仍堅持不改變錯誤的視角。徐禮春先生就是如此，理由是什麼呢？大概是因爲有時候認清現實的結果會變成一種自我否定，否定自己曾給予的信任和好意，導致對於自我人生的否定。徐禮春先生到最後也想緊抓住的，僅是對於自己沒有判斷錯誤的認可。據此我認爲，**惡意利用他人信任和好感的舉動，是會爲他人的靈魂帶來巨大傷害，而且是難以原諒的犯罪行爲**。

徐禮春究竟是眞心相信閔慶敦，還是對於相信那個人的自己感到憐憫，於是選擇迴避眞相呢？至今我仍好奇只有徐禮春知道的那個「眞相」。

陷入金錢犯罪遊戲的分行長

「記得我嗎？我是金分行長，之前跟你一起小酌過……」
突來的電話，把我拉回了一場金錢夢。

S是在十幾年前打官司時認識的，因爲和我同年，所以變成了像朋友般的關係。從手機另一端傳來急促的聲音，我眨了眨眼，突然想起了一個畫面。

六個月前的某個晚上，S久違的來電，約我一起去喝杯酒。

「抱歉，我現在非常忙碌，明天還要開兩次庭……」

「曹律師，我想介紹一些好朋友給你認識，每天都只工作的話會變傻瓜的。」

拒絕不了S的邀請，我來到位於江南的酒吧。輝煌燦爛的室內裝潢裡，坐著包含S在內五位中年男性。當時S在幾件併購案成功後，被創新板股票電子交易界譽爲「邁達斯之手①」，彷彿是想證明這個地位般，儘管比在場人士年紀都小，卻坐在上位席。

經由S介紹而認識了在場的人，其中一位就是○○銀行的分行長。S說金分行長在自己的事業企畫中擔任資金負責人，幾杯黃湯下肚，S對在場的人這樣說：

「我認爲只要三個月，只要三個月左右，目前的股價就可以直接翻倍。大家應該都知道，本次企畫的參與者都是經過千挑萬選後才決定的吧？我們可以互相信任，此外，籌措資金的主力角色將由金分行長負責，我們一起衝一回吧！」

S湊到我耳邊悄聲地說：

「曺律師，買點A實業的股票吧，雖然我說翻倍，但其實會讓股價上漲三倍以上，錯過這種機會就太可惜了。」

原來出席這場聚會的人，是爲了和S一起哄抬A實業的股價，以便賺取價差而來。據他們所說，之前也透過兩次類似的交易，賺進了大把鈔票。

人爲抬高股價是市場操縱的手段之一，依照相關法律，是會受到嚴重刑事懲罰的危險犯罪行爲。身爲律師，對於這些人在我面前自豪地表示將進行非法行爲的模樣，實在無語。以前的 S 明明就不是這樣的人，在沒聯絡的期間彷彿變成了怪物，這讓參與聚會的我感到非常不自在。

事後我便遺忘了此事，直到這一天金分行長突然來電，他急切的聲音讓我直覺反應一定是有大事發生了，於是上網查看 A 實業的股價圖表，果然有著雲霄飛車般的變化。

金分行長的說明如下：那天之後，聚會上的人們分配了各自的角色，爲了提高 A 實業的股價，透過高價買股、統購等多種方式，展開了所謂的「作戰」。人爲提高股價需要大量的資金，於是從明洞的高利貸市場借貸了兩百多億韓元，在募集資金的過程中，金分行長和幾名相關人士進行了聯合擔保。

僅在兩個月內，A 實業的股價就上漲了兩倍左右。那時起，合作人員之間出現了意見分歧，一方想繼續提升股價後再退出、另一方則認爲若是持續利用這種方式操盤，可能會被金融機構抓住把柄，抱持著現在就該收手的立場。原本身爲此次計畫指揮者的 S 主張進一步提高股價，持反對意見的成員選擇中斷作戰，賺到差額後便抽身，而股價在經歷幾次跌停後，僅剩計畫開始前的一半。

問題並沒有就此結束。對股價平白無奇就急遽上升抱持懷疑態度的金融監察院對定期大量購入該股票的帳戶進行了追蹤，金分行長爲了逃避追查，使用了妻子和小姨子名下的帳戶，卻一併被金融監察院查出，向他寄出了要求說明事件眞相的命令書。雪上加霜的是，金分行長未能及時償還聯合擔保的兩百億韓元作戰資金，遭高利貸業主要求立即支付鉅額利息。

「兩年前認識S後，透過兩起操縱計畫賺得了三億元左右。對上班族來說，在幾個月內賺到三億簡直是天方夜譚，足以讓人失去理智，不過現在卻變成這樣了……」

最後，在金融當局的調查下罪證確鑿，金分行長被檢方以違反相關法律爲由起訴、判處三年有期徒刑。

明洞高利貸業主們以金分行長未能償還借貸的兩百億韓元爲由，向他提出民事訴訟（請求返還借款訴訟），獲得了勝訴。於是金分行長的房子被拍賣，他的家人突然間失去了一家之主和住處。

從金分行長的立場看來，認識S後，經由兩次股市操縱計畫，獲得三億韓元的利益是禍根。輕易到手的成功使人逐漸貪心，導致越來越深入其中，甚至願意對兩百億的貸款進行聯合擔保。

《法句經》裡有這麼一句：「過罪未熟，愚以恬惔，至其熟處，自受大罪。」意指愚昧的人即使犯罪，在罪業塵埃落定前也會把它當作蜜糖，直到罪業成熟後才體會到巨大的災難。

在犯罪的當下，比起痛苦，快感跟喜悅更加鮮明，但如果播下罪惡的種子，罪業會隨著時間流逝逐漸發芽、進而開花結出毒果。

我在三、四十歲的時候，要是聽到別人一下子賺進了大筆錢財，也會因爲相對剝奪感而羨慕或難受，但超過五十歲的現在，聽到這樣的消息只有兩種想法：

「究竟那個人爲了得到那些財富，犧牲了多少？他付出相應的代價了嗎？」以及「究竟那個人獲得的財富會成爲他的助力嗎？還是將成爲另外一種傷害？」這樣的疑心。每當我提出這類論點，周邊的人都會笑我「已經修練成佛了啊。」

有錢當然很方便，這是難以否認的事實。隨著年紀增長，領悟到更多人生的智慧後，也不代表對金錢的欲望就會消失，只是擁有了懂得在金錢面前謙虛的智慧罷了。這種智慧若是沒有隨著年齡增長，累積多樣化的經驗，也不容易產生。這種時候覺得有點年紀也很不錯。

編注：

①邁達斯國王出自希臘神話故事，相傳有點石成金的能力。

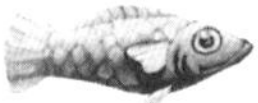

當下無外傷，給了名片算肇事逃逸？

「不好意思……律師，你現在有時間嗎？」
我的秘書惠敏躊躇不安的走進辦公室，好不容易開了口。

惠敏有一位大她十歲的姊姊，電腦工程科系畢業，目前在大企業所屬的ＳＩ公司擔任部長。

「姊姊是我們家族的驕傲，她對工作懷抱著與眾不同的熱情，在公司也因爲實力堅強，在短時間內就得到晉升的機會，但是姊姊十分好強，再辛苦也不會告訴家人，不過最近遇到了讓她無法獨力承擔的事情，所以來找我商量。我知道不應該拿家務事麻煩您，但很想拉我姊姊一把……」

惠敏的姊姊智媛遇到的狀況大致如下：爲了了解自己管轄內建設案的進度，她獨自開車前往位於論峴洞的招標單位。那天因爲大塞車，她便無視導航的指示，急忙轉進小巷內，突然聽到「咚」的撞擊聲後，急踩了煞車。智媛穩定了受驚嚇的情緒後，下車查看，發現一名看似小學生的男孩和腳踏車一同倒臥在地，頓時眼前一片漆黑、雙腿發軟的她，立刻跑上前詢問男孩的狀況。

「同學，你還好嗎？」

男孩若無其事的拍了拍膝蓋，把自己的腳踏車扶起來後說：

「我沒事。」

智媛出於不安，仔細打量了男孩的身體：「沒事嗎？有沒有哪邊受傷？」

男孩語帶不耐地說：「阿姨我沒事，我現在得去補習班了。」急忙的想離開現場。智媛爲了以防萬一，拿了兩張名片遞給男孩。

「就算如此，萬一身體有異狀，你要立刻告訴我，知道嗎？」

男孩心不在焉的回答後，便牽著腳踏車離開。智媛回到車上後，把頭靠在方向盤上回想了剛才發生的事情。進入巷口時，因爲看到減速號誌而放慢了速度，推測那位學生應該沒受到太大的撞擊。「呼～」她深深吐了一口氣，並且感到非常慶幸。

然而三天後，智媛的手機收到了一封簡訊。由於每天都會收到數十封簡訊，她沒能及時確認，而是在下午邊喝咖啡邊確認累積的訊息時才發現。

「孩子的傷勢被診斷需要三週才能痊癒，妳卻沒有爲他進行任何救護措施，甚至肇事逃逸。相信妳也知道，根據特定犯罪加重法第五條之三，肇事逃逸者將被處以最少一年、最多五年有期徒刑。」

智媛感到左胸口一陣刺痛。

「這是什麼意思？這個人又是誰？」

智媛急忙打開電腦，搜尋了「肇事逃逸」跟「特定犯罪加重法」這兩個關鍵字，經過一番研究，發現下列條文：

特定犯罪加重處罰等相關法律第五條之三

（對逃逸車輛司機的加重處罰）

1. 《道路交通法》第二條規定，汽車、電動摩托車駕駛者若於交通途中觸犯《刑法》第二六八條罪行後，駕駛者（下稱「事故駕駛」）未依

《道路交通法》第五四條第一項對受害人進行救護措施並逃跑時，將根據下列各項分類進行加重處罰。

一、造成被害者死亡後逃逸、或逃逸後被害者死亡的狀況下，處以無期徒刑或五年以上有期徒刑。

二、造成被害者受傷的狀況下，處以一年以上有期徒刑或五百萬韓元以上、三千萬韓元以下罰金。

「我觸犯了這條法律嗎？我沒有逃走，甚至給了那孩子聯絡方式，怎麼會是肇事逃逸呢？」

智媛非常焦急，認爲無論如何，正面接觸才有助於判斷，於是撥通了傳送簡訊的號碼，響了好一會兒後，一名男子接起了電話。

「我……剛才收到您傳的簡訊，請問您是誰？」

「不是，妳怎麼能夠這樣？小孩子都受傷了！小孩子！」

「我眞的很抱歉，他傷得很嚴重嗎？請問傷到了哪裡？那天我問他，他明明說沒有大礙……」

「膝蓋跟腰、腿都出了問題，醫院只先做了簡單的檢查，說他需要休養三週，若是更進一步做精密的檢查，可能還會發現更多問題。」

眞是的，早知道當時就直接帶他去醫院。智媛內心升起了一股懊悔。男人接著說：

「我是他叔叔，那孩子晚上回到家後說自己身體不舒服，問他發生什麼事，他才把妳的名片拿給我。」

智媛心想，原來事情的發展是這樣啊。便接著回答：

「我眞的、眞的非常抱歉，我該怎麼做才好？我會賠償包含治療費用在內的所有損失。」

電話那頭的男子語氣突然變得粗暴：

「妳這傢伙是把我們當成乞丐嗎？打算給我們一點錢就打發掉？在大企業上班就看不起我們這種人？是這樣嗎？」

智媛答不上話，因爲她並沒有抱持那種想法。

「成智媛小姐！給我聽清楚，就像我在簡訊內說的一樣，妳就是肇事逃逸，依照特定犯罪加重法會被判有期徒刑，有期徒刑！」

智媛感到很委屈。

「先生，不好意思打斷你說話，但我沒有肇事逃逸，甚至還把名片遞給那孩子，告訴他有不舒服一定要聯絡我，請先問問你侄子。」

男子對此嗤之以鼻。

「妳好好打聽一下，發生交通事故後，丟下名片就離開也算肇事逃逸。妳懂法律嗎？明明就搞不清楚還跟我大小聲！我之後會再打給妳，妳先好好去查查看吧！」

男子粗暴地掛斷了電話。

智媛再次搜尋「肇事逃逸」，瀏覽了更多資料後，令她訝異的是，跟自己一樣發生交通事故，只把名片交給受害者便離開的情況，有不少被判定爲肇事逃逸的案例。駕駛者應對事故受害者採取「必要的救護措施」，僅提供聯絡方式便離開的情況，並不構成做到「必要的救護措施」。智媛認爲在問題變得更嚴重之前，必須先向對方道歉，於是再次撥了那名男子的電話。

「對不起，很明顯是我的過錯，我向您道歉。我該如何補償比較好？」

智媛鄭重道歉後，男子的態度稍微緩和。

「看來妳跑去查清楚了，是啊，妳也覺得很倒楣吧？盡快了結這樁事吧。」

「是，我明白了，您請說。」

「我侄子受傷是事實，這小子正在朝成爲足球選手的目標努力。這次事故不知道會造成什麼影響，我和我哥，也就是孩子的爸爸聊過了，以目前的治療費加上未來也許會發生的損失賠償，一共三千萬元的話，我們就願意和解……」

智媛嚇了一跳，明明也沒有用力撞到，居然要求三千萬韓元的治療賠償？太過分了。

「我承認是我的錯誤，但是三千萬元實在是太……如果您們能提出更合理的金額的話……」

男子突然大吼：

「合理？妳剛才說合理嗎？想像一下如果今天是妳兒子受了重傷？妳這樣可不

行。妳在大公司上班吧？自己看看你們的人事規定，要是被判處有期徒刑的話，恐怕會立刻被免職吧？就是妳會立刻被炒魷魚的意思。要是我告妳違反特定犯罪加重法，妳就得受審，也絕對會被判有期徒刑。這不單純是錢、還攸關妳能不能繼續工作。我可是考慮過各種狀況，爲妳著想才提議的，妳怎麼這樣？我太受傷了，下次再說吧！」

男子單方面掛了電話。什麼？停職處分……智媛從內部網絡下載了公司的人事規定，從入職後就沒有閱讀過的人事規定看來，正如男子所說，如果被判處有期徒刑以上的刑罰，將會被立刻開除。

「這是我多麼辛苦累積的經歷……」

智媛感到前途一片黯淡。那之後，自稱是男孩叔叔的男子每隔兩天就會打電話來催她給錢，智媛這樣做也不是、那樣做也不是，內心非常煎熬。

聽了惠敏說的故事後，我的直覺告訴我：「好像有點不正常。」不知爲何，男子的現身方式透露著犯罪的氣味。我從惠敏那裡取得了電話號碼，並和智媛通了電話，電話那頭傳來充滿膽怯的聲音。

「智媛小姐，我來直接和那位男子通電話吧。」

「沒關係嗎？要是讓他心情不好，想告我該怎麼辦？」

「別擔心，我有我的訣竅。」

我撥打了智媛告訴我的電話號碼：

「您好，我是成智媛的表哥，我是曺祐誠律師。」

「什麼？律師……嗎？」

對方的聲音不知道是不高興，還是害怕，難以判斷。

「您侄子的事情真的非常抱歉，是我表妹沒有把事情處理好。」

「啊，是的，沒錯。」

「聽說您侄子需要休養三週，可以告訴我具體被診斷出的病因嗎？是骨折，還是扭傷？還是……」

「這個嘛……我得再看一次診斷書，是三週、三週沒錯。」

男子明顯感到緊張。

「方便的話，我想直接和孩子的父親通話。因爲孩子是未成年人，所以擁有親權的父親有法定代理權，叔叔並沒有這樣的權利。」

因爲對方提了法律條例，所以我也故意使用了法庭用語。

「不，那個……孩子的父親拜託我全權處理這個問題。」

「這樣很奇怪。兒子需要休養三週，卻沒有給自己的親弟弟看診斷書？甚至求償的三千萬元賠償金是以什麼作爲根據提出，身爲律師的我不太能理解。請問是霍夫曼方式，還是萊布尼茨方式①？」

「啊，賠償金是談好和解便能調整的問題……」

怎麼會提到調整？總覺得事有蹊蹺，突然浮現了得乘勝追擊的想法，於是我繼續追問。

「還有，聽說若是不支付三千萬，您就會提起刑事訴訟，讓我表妹被公司開除？她都有把對話錄下來，這在刑法上可是屬於『恐嚇罪』。」

「不，這位律師。你在威脅我嗎？」

男子的語氣變得輕蔑。

「你聽好了，我表妹只需要接受在發生交通事故後，沒有妥善採取救護措施的懲罰就可以了，你也清楚，違反特定犯罪加重法第五條之三的罪名除了有期徒刑，罰款也是一種懲罰方式。我表妹沒有前科，在事故現場也交出了自己的名片，只要我為她辯護，便只需繳交罰鍰即可。你卻講得一副她肯定會被判刑的樣子，這不就是在恐嚇嗎？」

「那麼……我們各退一步，用一千萬和解如何？」

這種程度也沒什麼好繼續爭論，我使出了最後一擊。

「一小時內把孩子的診斷書拍下來傳到我告訴你的號碼，要是沒做到，我會以威脅、恐嚇罪起訴你。一個小時內若收不到診斷書，我會立刻採取法律措施，請你看著辦。」

有種這大概就是最後通話的預感，我加上了一句話忍了許久的話：

「還有你，說話不要老是這麼沒禮貌，我也已經活了大半輩子。」

掛斷電話約三十分鐘後，男子沒有打給我，而是找上了智媛。大致說了：就當作彼此都運氣不好，互相抵銷，也讓她轉告個性凶惡的律師表哥，他以後不會再打電話來了。電話裡智媛的聲音充滿喜悅，直說不敢相信這個結果。

「律師先生，發生了什麼事？眞的就這樣結束了嗎？」

其實他若眞的是被害者家屬，肯定不會用這種方式和智媛聯絡。也許那名男子那天偶然目擊了事故現場，並從孩子手中拿到名片，憑藉名片上的資訊，自行編寫了一套威脅劇本。她在掏錢之前先找我諮詢，是多麼萬幸的一件事！我也很慶幸能讓秘書惠敏有面子，同時也親身體會，遇見惡意使用法律知識的傢伙可能導致多麼嚴重的後果。

世界上存在著各種差距。其中，**和貧富差距同等重要的是「知識和情報的差距」**。面對同樣問題，情況也會因人而異，並根據各自所擁有或是可接收到的知識和資訊產生不同的應對方式。那名男子就是以自己的知識爲基礎來威脅智媛，而缺乏該方面知識的智媛因此陷入極度恐懼中。能爲她解決知識差距的正是法律專家——律師，知識差距解決後，問題自然迎刃而解。

人不可能在各方面都知識淵博，但必須了解能保護自己和家人的決定性知識和

資訊。儘管財富很難依照自己的想法輕易累積，知識和資訊卻可以根據自我心態系統性的累積，也可以自我控制吸收的管道。因此，人生的高手們除了自己的專業領域外，也會花一輩子去學習如何拓展自己看世界的視野。

編注：

①司法系統在審理侵權、責任、糾紛案件時，為確定損害賠償數額所採用的計算方式，霍夫曼和萊布尼茲計算法都屬於利息先扣的計算法，是各國確定賠償責任的常規作法。

半吊子的一百句，比不過專家的一句

崔希澈是任職於大公司的財務會計專家，他在前輩的勸說下，十年前於中小企業 G 技工就職。

中小企業雖然銷售額較高，但資金容易管理不善，有賺有賠是常態，甚至有可能破產。因此崔希澈在 G 技工就成了阻止不必要資金支出的婆婆角色，托他的福，該公司得以成長茁壯。三年前高升成爲負責掌管財務的最高管理人（CFO）。

公司創始人因健康惡化而退居二線後，聘請了外部專業經理人擔任代表理事，G 技工內部也產生了各種變革。新上任的代表認爲過去 G 技工的營運模式過於穩定，希望透過具積極性的訂單活動擴展銷售額。即使與原來業種無關，也要投資新事業領域，強調必須果斷地提高收益。新代表之所以不斷強調必須提高銷售，某種程度上是考慮到能否延長自己未來的任期，以及獲得與業績成正比的獎勵等原因。

杞人憂天的崔希澈私自向創始人說明了這種作法可能為公司帶來的巨大變化，但創始人表示自己已經退居二線，應該給新代表決定權，更以此說服他。但是，創始人的確也擔心新任代表的動向，因此以「崔希澈這樣說」的間接說法，要求新代表謹慎經營，而導致新代表對崔希澈產生了不好的觀感。此後，崔希澈與代表的衝突日漸增多，在公司的地位越來越低，代表甚至公然攻擊他：「不滿公司發展方向的人就該離開。如果討厭寺廟，僧侶應該自行離去。」

崔希澈再也無法忍受，在與代表理事面談後，以主動請辭的方式離開了公司，徒留許多遺憾，畢竟是他奉獻出青春的公司。離職之後，崔希澈休息了三個月左右，開始經營個人事業。

在崔希澈離職一年後，G技工的營運開始出現問題，他前腳剛離開，那位代表彷彿等待已久，立刻決定向新再生能源領域投資三十億韓元。崔希澈在擔任首席財務長時就曾點出危險性，並表明不能對此案倉促投資。三十億投資金中的二十億是使用公司的保留金，剩下的金額則是透過貸款湊齊，代表信誓旦旦的保證一年至一年六個月內便可回收本金。不過資金投出五個月後，問題就出現了，接受投資的公司其實是場騙局。因此包含G技工在內多名投資者皆受到嚴重程度不一的損失，G技工所投資的三十億韓元最終也只能以損失報銷。

壞事接二連三到來，在G技工營運困難的傳聞出現後，他們的主要交易企業紛紛縮減了訂單。擔心若是之後出了什麼問題，會無法得到正常供應，導致G技工陷入資金周轉的危機。聽到這個消息，崔希澈感到痛心，卻也無可奈何，畢竟已經不是自己掌控範圍內的事情。

有一天，崔希澈接到晴天霹靂的消息，是來自A互助儲蓄銀行將對他採取法律措施的通知書。事情來由如下：G技工七年前曾於A互助儲蓄銀行借貸五億韓元的運轉資金，以兩年爲單位進行延長。崔希澈當時作爲公司的管理階層，便參與此貸款債務的聯合擔保，在他離職約六個月前，再作爲聯合擔保人爲到期的貸款簽字延長。由於G技工已經三個月沒支付每個月必須繳交的貸款利息，A互助儲蓄銀行便開始催收貸款，並從聯合擔保人崔希澈下手，預告將查封他名下公寓。

崔希澈一直都是盡心爲公司賣命的上班族，多年累積的財產只有一套市價七億韓元的公寓，也就是說，他名下所有的財產即將面臨被假扣押的危機。崔希澈於是聯絡G技工的總務課詢問對策，但由於公司經營困難，沒能得到對方會負責的回應。他焦急地向周遭人討教如何處理這種狀況，得到的建議是：想保住部分財產，最好離婚。

旁人建議崔希澈和妻子離婚後，以財產分割爲由，將公寓的一半持有權過戶給妻子，然後分居。雖然很不捨，他仍向妻子說明了上述情況，並嘗試說服。他的妻子也認爲如果沒有更好的處理方法，那也別無選擇，不過心情難免複雜不安，她擔心離婚被法院受理，並且分居後，夫妻間可能會漸行漸遠。

此外，子女也是問題，夫妻倆有個就讀高三的獨生女，由於學習成績優秀，正是期待著能考上好學校的時機，若是此時父母離異又分居……他們很擔心女兒會因此傷心，無法專心讀書。

即便如此，因爲別無他法，夫妻倆仍舊決定離婚。雙方商討同意後，爲謹慎塡寫協議書，於是上網搜尋資料，因看到了我寫的關於合約的專欄，循線找到我的事務所。他們向我展示了自行擬出的協議書草案：

1. 離婚的責任歸屬於丈夫。
2. 基於財產分割、作爲離婚補償與女兒的撫養費，丈夫名下公寓的二分之一所有權將轉移給妻子。
3. 女兒的養育由妻子負責。

我聽完崔希澈的故事後，懷疑離婚是否爲最佳選擇，總感覺還有其他辦法。

「我想確認一件事，您在離開公司的時候，有沒有向相關合作公司告知自己即將離職？是否有通報A互助儲蓄銀行？」

「因爲我是負責財務的理事，所以和互助儲蓄銀行互動頻繁、時常見面處理事情。也有告知我因個人原因將離開理事的位置，同時也想傳達：『關於聯合擔保，請別再找我咎責』的意思。雖然有這樣通報，但當時G技工聲勢正旺，誰也沒想到會無法償還由我擔保的五億元貸款。」

「已從公司離職、別再找我追究擔保責任，你明確的向 A 互助儲蓄銀行表明過這兩點了嗎？」

「是的，不過這次收到通知後，我向他們的債券回收組打聽了一下，對方說我已經作爲聯合擔保人蓋了章，所以即使已辭去理事職務，也不能憑單方面的通報免除連帶責任。」

「您有攜帶聯合擔保的貸款文件嗎？」

「沒有，不過可以去 A 互助儲蓄銀行申請，但是對我們來說，離婚協議書更加急迫，律師先生。」

「崔先生，請先把我剛提到的文件帶來，除了離婚之外，可能還有別的解決辦法。」

崔希澈似乎不太相信，但我催促他盡快把文件拿過來，他答應會照辦。

幾天後，他帶來了相關貸款文件。查看貸款種類後，我感到十分開心。

「我有辦法了！」

以公司高層的身分爲公司債務進行擔保，辭去職務後，是否需要繼續承擔擔保責任是一直存在的爭議。對此，大法院有重要的判例。

原則上，即使辭去高管職務，也要對聯合擔保的債務負責。但也有例外，在「並非特定債務，而是對公司持續承擔的債務擔保的情況」下，像是：無限額擔保書、限定擔保書的情況。當管理人員辭去高管職務時，向金融機構通報往後不會承擔相關責任，便可免去承擔責任，上述是大法院針對該判例的要旨。

「幸好您在辭去公司理事職位時，有和A互助儲蓄銀行通報。從貸款文件看來，是爲『將來G技工所承擔的所有債務』進行聯合擔保，這便是無限額擔保書和限定擔保書的範疇。在這種情況下，離開理事職務時，可以透過單方面通報解除擔保。您從公司離職時，有告知A互助儲蓄銀行，因此可以免除擔保人的責任。」

「什麼？」

崔希澈夫妻嚇了一跳。

「那麼需要另外提起訴訟嗎？」

「不用，打官司需要很多時間及費用，我會向A互助儲蓄銀行提交內容證明，並和他們整理狀況。」

我以崔希澈代理人的身分向A互助儲蓄銀行發出包含下列內容的證明資料：

1. 崔希澈先生參與G技工的貸款債務聯合擔保是出於身爲管理職位不可避免的責任。
2 崔希澈先生辭去G技工理事職位時，曾通報自己不再承擔聯合擔保責任。
3. 崔希澈先生所簽字的聯合擔保爲G技工與貴銀行簽訂的「無限額擔保書和限定擔保書」。
4. 大法院已經表明，若因職責參與聯合擔保，簽下了無限額擔保書或限定擔保書後，於離職時通報解除，則可產生解除效力（參考一九九九年一月一五日宣判的98D46082判決）。
5. 若繼續追究擔保人的責任或對其財產進行查封，將向金融監督機構提出陳情措施。

幾天後，A互助儲蓄銀行的負責人主動來電，我便爲他做了更詳細的法律說明。對方表示繼續追究崔希澈的責任也無法獲得實際利益，於是往後不會對他進行訴訟程序。

「說實話，一想到我的失誤竟然會導致離婚就覺得很難受，彷彿同時對妻子和女兒都做了不該做的事情，不過僅憑這樣的證明資料就能解決問題，眞是……」

「是，眞是萬幸。我也覺得很慶幸，請收下這個吧。」

白色信封上印著字型大小爲二十四pt的一串字句：98D46082

「這份大法院的判決讓您避免走上離婚這條路，您就留著當作紀念吧。」

「原來如此，眞令人吃驚。如果沒有律師先生的幫助，我們家眞的不知道會變成怎麼樣。眞的謝謝您，之後我也想讓女兒學習法律。」

連連低頭行禮的崔希澈夫妻留下一個厚厚的信封袋之後便離去，一打開信封，我當場嚇了一跳，以謝禮來說，這金額也太多了。我請秘書辦理現金收據後，轉身想著：

「我才感謝他們給我拯救一個家庭的機會。」

這一瞬間讓我覺得學法律眞是太好了。

問題發生時，人們通常會向周邊的人尋求意見，但越是重大的事情，越該去找該領域的專家諮詢。如果崔希澈相信朋友們半吊子的建議，那麼他將與妻子離婚並分居兩地。雖然說起來簡單，一起生活了數十年的夫妻突然離婚，還要分開生活，眞是讓人難以承受的事情。

比起半吊子一百個不成熟的建議，專家的一句正確提示便可以改變命運。**爲了對付生活中可能遇上的各種突發狀況，能夠適時地得到專家的建議是很重要的。**

爲此，讓自己成爲能對某人有所幫助、某個領域的專家也是一種方法。人脈是互相的，在人際關係上，單行線很難長久維持，這不單純只是代表付出多少就要回收多少的刻板公式，人際關係是指在相互交流間產生協同效應，那麼我也得擁有能給予他人的東西才好。

情勢會改變，人心卻不會

「不採取行動好像會變成傻瓜，我對兒子抱著很大的期待，身為父親，總覺得應該做點什麼，所以才來找你。」

高中學長想要諮詢兒子的問題，而來訪事務所。

事情經過是這樣的：學長的兒子俊成（二十八歲）在大學畢業後，花了一年多的時間找工作。經過艱難的努力後，通過了中間企業B公司的文件審查、性向測驗、初次面試以及最終的深度面試。但在四天後，俊成接到一通電話，是來自B公司的人事部門的負責次長。

「很快就會有好消息了，哈哈。」

學長和兒子在接到電話後高興的歡呼，只要確認通過面試，過去一年裡所受的苦都會像雪一般融化。

又過了一週，B公司卻沒有和他聯絡，好奇結果的兒子向B公司撥打了諮詢電話，得到了意外的答覆。因幾天前發生的大地震影響，B公司在日本的主要客戶K公司大幅減少了今年的購買量。受此影響B公司突然中止了新職員的招聘程序。詢問後才發現，不只學長的兒子，其他通過最終面試的候選人的錄用也都暫時中止。

「爲了進入那間公司，俊成做了很多準備，人事負責人甚至打電話來，告訴我們『你應該會合格』，卻又單方面推翻之前說過的話，實在令人傷心……所以我打聽了一下，雖然這樣好像是在關公面前耍大刀……」

學長把帶來的文件攤開在桌上向我說明，內容大致如下：俊成通過了進入B公司所需的所有求職程序，甚至接到人事部次長親自來電通報：「其實已經合格。」那麼，俊成雖然沒有和B公司簽訂正式僱用合約，但可以看作是大法院判例所認可的「內定錄用狀態」，內定錄用會產生跟錄用相同的效果，若公司單方面停止錄取程序，也能構成「不當解僱」，因此可以利用這點據理力爭。

「這是和俊成有著相同遭遇的錄取者父親所蒐集到的內容，只有我們提起訴訟，公司才會感到壓力，於是我才來把這案子交付給你。」

內定錄用……能找出如此艱深的概念，他們明顯很努力地尋找了反駁的方法。從判例看來，的確是有內定錄用這個說法，也能有效防止雇主不當解僱勞工。不過若要直接套用在本次事件上，看起來是有些牽強。

只有在公司已向應聘者通知正式合格後才能認定爲內定錄用，但B公司的人事部次長僅告訴他：「很快就會有好消息。」光憑這點，能否認定爲合格通知就會被打上問號了。

此外，B公司中止錄用程序也有合理的理由（受日本主要客戶影響），因爲並不是雇主單方面無故取消錄取資格，所以很難完全歸咎於公司。我向學長說明起訴會遇到許多困難，但在聽完我的說明後，他的意志仍舊強硬。

「不管是訴訟還是其他方法，我都要採取法律措施，其他人也都會那樣做，總不能少了我兒子。我至少得爲他做點什麼，才能保住爸爸的面子。」

真是令人苦惱的情況。要是在法理上站不住腳，只是以洩憤的方式提起訴訟，結果可想而知。不僅無法獲得實際利益，學長和俊成肯定會在訴訟過程中承受巨大的壓力，我請學長再考慮一下，下次帶俊成一起過來。

幾天後，學長和俊成一起來到我的事務所，俊成一看就是位誠實端正的青年，不知道是否爲這件事過度傷心，臉上布滿了陰影。

「俊成，我是你父親的學弟，把我當成自己的叔叔就好。話說回來，找工作很不容易吧？」

俊成難爲情的笑了，我向他提出了一些疑問。

「最終面試後，打電話來祝賀的那位是次長嗎？」

「對，是人事部的金次長。」

「那個人是怎樣的人？比方個性之類的……」

「他是個好人，對人也很有禮貌。」

「若是合格的話，之後書面通報就可以了，但金次長爲什麼急著打電話呢？俊成你怎麼想?」

「嗯,可能是想早點告訴我好消息。我想是看我們都很焦慮,所以想讓我們安心才那樣做吧。」

他的回答和我預想中沒兩樣,於是我倒回正題。

「在我看來,也覺得金次長是位不錯的人。本來在公司上班都會因爲事後不想負責,不輕易把話先說出口,但從他提早打電話告知的舉動就可以看出他的個性。要是這次對 B 公司提起訴訟的話,金次長的立場應該會變得非常困難吧?如果不是金次長那通電話,這件事也不會鬧大。」

「是,其實我也最在意這一點。但是一起參與面試的朋友父親立場很堅定,表示一定要打官司。若是打了官司之後,那位朋友因此錄取,而我沒有,那該如何是好?我內心很不安,不知道怎麼做比較好。」

溝通後,我大概了解俊成的心態。抱著希望學長也聽聽看的想法,我向俊成明確表達了我的意見。

「俊成,我其實反對向 B 公司提出訴訟。看來他們也有自己的難處,雖然讓你很難過，但金次長只是想盡早告訴你好消息才會打電話，並無惡意。讓這樣的人陷入困境，好像不是對的選擇，你說是嗎？」

「……是。」

「那麼這樣做如何？雖然不知道其他人會如何處理，我建議你寫一封感謝信，送個小禮物給金次長，並且放棄進入B公司的念頭。工作再找就好了，整個大韓民國又不是只有這一間公司，我也會幫助你。」

俊成轉頭看向父親。

「打官司很耗時間，而且讓人疲乏。在我看來，俊成以正面積極的心態去求職更爲重要。聽完你說的，金次長肯定是個好人，對好人提起訴訟是不可取的事。你就重新出發吧，這不是來自律師，而是人生前輩給予的建議。」

俊成的表情變得明朗許多，考慮到金次長曾向自己釋出的好意，他其實也對打官司深感負擔。

儘管學長很想爲兒子做點什麼，但俊成在理解狀況後決定接受我的建議、不提起訴訟。雖然問題沒有完全解決，至少離開我的事務所時，學長父子的表情比起初次見面時輕鬆許多。

幾個月過去，學長打電話來和我更新這段時間發生的事情。俊成照我所說的，寄給金次長感謝信和小禮物，和他一起參與面試的其他人則向B公司寄出存證信函，表示將採取法律措施，B公司由勞務顧問回覆公司並無處理責任，就這樣來回幾次書面溝通後，最終不了了之。

不久後，俊成收到金次長的來電，詢問他是否願意以新職員的身分，加入負責處理中國合作公司及相關業務的部門。

我可以從學長傳達此消息的聲音中，感受到無比的欣慰。

「曺律師，謝謝你。差點因爲我的草率行事，把事情搞砸了。」

雖然是後話，但我大概已經猜到，若是已經通過最終面試，B公司對俊成應該相當看好。造成事端的金次長既然是人事部門的負責人，比起強行提起訴訟，讓對方難過，不如表現出預想之外的爽快態度，年紀輕輕卻彬彬有禮又謙虛的模樣反而能讓俊成更加出色。

一間公司隨時都需要人才，誰能忘記給人留下如此強烈印象的帥氣應聘者呢？**打贏激烈的官司可以感受到巨大的喜悅，但是成功勸阻訴訟、透過對話來解決問題，並取得好結果時，能感受到的喜悅也不亞於此。**這是一起準確掌握紛爭的「癥結」後，巧秒解決問題、留下美好回憶的事件。

俗話說：要是過於貪心，將會變得目光短淺。考慮到 B 公司的情況和金次長的立場，若能冷靜的將目光放遠，便能看得清楚未來的方向。

所以我才會建議俊成該像金次長對他釋出善意一樣，也對金次長釋出好意。因爲我知道，儘管情況會變，人卻不會輕易改變。若是局勢有所改善，金次長絕對會再次聯絡俊成。

比起局勢，更重要的是人以及那個人的眞心。這也就是爲什麼我們得更加看重人的眞心。

救人的一句話

一九九四年，我被分配到陸軍某分隊的法務部。
當時發生了一件讓我銘記在心的事。

分隊法務部是由法務參謀（大尉）、軍事檢察官（中尉）、資深下士（院士／上司）、法務兵（普通士兵）組成。這是一九九四年十一月中旬的事，原本沒什麼大問題，順利運轉的法務部發生了不愉快的事情。

「檢察官，有新案件進來了，這傢伙有點令人頭疼啊。」

我翻開法務部資深下士崔上司所提供的調查紀錄，確認著他的犯罪事實。

一九九四年十一月二十日，嫌疑者楊辰秀（化名）以逃避執勤爲目的，在位於○○○的○分隊○○連○○大隊的廁所內，用美工刀兩次畫傷自己的右手腕，導致需接受三週治療的割傷。

「像這樣對自己身體動刀的傢伙，一旦感到疲憊又會再次下手。乾脆直接把他關進監獄裡，讓他老實待到服役期滿再離開，這對周邊的人來說也比較好，嘖嘖。」

若是發生士兵身亡或是受傷的狀況，雖然本人也得承擔責任，所有上級指揮官們都會被追究責任，於是這種士兵將被歸類爲「問題士兵」。聽到這個故事，也許你會產生「傷害自己的身體，也得受懲罰嗎？」這樣的疑問，不過其實也有能解釋的理由，有人說軍人的身體並不是自己的，而是歸國家所有，從《軍刑法》的角度看來，這個觀點很合理。

軍刑法第四十一條

1. 以逃避執勤爲目的，傷害自己身體的士兵，將按照下列各項分類進行懲罰：

一、敵前：死刑、無期徒刑或五年以上有期徒刑

二、其他情況：三年以下有期徒刑

由於軍人是國防的戰力資源，隨意損壞的行爲在《軍刑法》上屬於「逃避執勤的目的性欺騙罪」，當事人通常會被判處有期徒刑，直到退伍爲止都得在監獄裡生活。我詢問崔上司，楊二兵爲何會做出這種選擇。

「那邊的部隊主任上司說，楊二兵自從被分配到部隊開始就是顧問官。據說連三個伏地挺身都做不來，動作也很慢。因爲隸屬重型武器中隊，必須拿著沉重的裝備快速移動，他卻老是出問題。這次已經是他第三次企圖自殺，在部隊裡簡直已經是四腳朝天的狀況。」

《軍刑法》中的字句：「以逃避執勤爲目的」引起了人們的關注。楊二兵眞的有「以逃避執勤爲目的」嗎？楊二兵不是「以逃避執勤爲目的」，反倒更像是「以死亡爲目的」。當然，如果死了，便不能履行職務，以結果來說等同於逃避職務。

從法律層面來看，並不是太難處理的案件，如果按照程序起訴，軍事法將判楊二兵兩年有期徒刑。

不久之後。法務參謀（大尉）結束和分隊長的會議後歸來。

「檢察官和崔上司，兩位可以來我房間一下嗎？」

在法務參謀的呼叫下，我和崔上司進入了參謀室。

「我想請求兩位諒解，這次不是有一起因逃避執勤的目的性欺騙罪而被拘留的楊二兵嗎？我想讓他在退伍之前都留在法務部，剛才已得到分隊長的許可，會將他轉換成法務兵。」

「什麼？」

崔上司和我同時面露難色，崔上司語帶氣憤的說：

「參謀長，怎麼可以把那種闖禍精帶到法務部來？萬一他又試圖自殺，無論是參謀長或是我都將難逃懲罰。」

法務參謀點了點頭，表示理解，然後深深地吐了一口氣。

「那孩子……很可憐啊。」

從平時注重原則、以遵守軍紀聞名的法務參謀口中說出可憐一詞，令我大吃一驚。

「我見過被拘留的那位士兵，他很善良。也不知道爲什麼要把體力不好的孩子安排到重型武器中隊……幸好他電腦方面很強。我會在房裡放張小桌子，直接貼身管理，會盡量不影響到兩位，希望你們能照我的意思去執行。」

據說法務參謀向分隊長提出這個想法時，分隊長也嚇了一跳。想到得冒如此大的風險，理所當然會感到驚訝，分隊長多次向法務參謀確認後，才決定不對楊二兵進行處分。

「我無論怎麼想，就這樣爲他安上前科，然後送離這裡似乎是不對的行爲。你們就當作救助一位年輕士兵，好心的接受吧，拜託了。」

就這樣，楊二兵成爲我們分隊法務部的老么。在進行遷入申報時，他的表情和舉止都非常畏縮，連看的人都會感到心疼。崔上司可能是心情複雜，不停地抽著菸。

法務參謀在自己的辦公室內另外設置了桌椅，並將那個位置安排給楊二兵使用。在一九九四年當時，軍隊內的電腦並不普及，法務參謀是自費從龍山購買電腦後交給楊二兵。就這樣，楊二兵成爲他的「專屬電腦兵」，對於他是否能適應，我和崔上司都半信半疑，用懷疑的眼光默默地觀察著。

「看看這個！這是楊二兵寫的報告書，不覺得很乾淨整齊嗎？」

法務參謀時不時會拿著楊二兵製作的報告書來向我和崔上司炫耀，彷彿一邊告訴我們：「楊二兵適應得很好吧？」一邊向我們示威。楊二兵的表情也漸漸變得開朗，不知不覺和我們已經變成可以開一些無聊玩笑的關係，也能在星期三的戰鬥體育課上一起踢足球、一起喝酒，逐漸變成一家人。

某一天，楊二兵的母親帶著年糕和食物來訪，法務參謀室的門口隱約傳來他母親道謝的聲音：

「謝謝、謝謝。感謝您拯救我兒子……」

我也不自覺紅了眼眶。

一九九五年五月初，我接到調往其他部隊的命令。向法務參謀行禮報告調職時，眼淚在眼眶裡打轉，甚至不小心哽咽，內心很慌張。

「不是，這成何體統？眞是丟臉。」

又不是即將分手的戀人，法務參謀同樣感到驚慌。

「曾檢察官，希望你剩下的軍旅生活順利，之後還有緣分的話，可以在法律界一起工作，祝你身體健康。」

這是法務參謀最後給我的祝福。那之後，歲月不斷流逝，我從一九九七年開始在法務法人太平洋擔任律師，法務參謀也轉職成爲律師。儘管彼此都很忙碌，無法經常見面，偶爾還是會互通訊息。

「那孩子，很可憐啊。」

懷抱著惻隱之心的法務參謀的話至今還在我耳邊縈繞，讓我回想起曾被上級的心意感動、仍是青年軍官時期的自己。好人無論何時何地都會再次重逢，我至今仍在近距離觀察和學習。

還有比救人更有價值的事情嗎？對某些人來說，舉手之勞的小事也許是其他人願意賭上性命的迫切之事。人們大多會用自己的標準來評判其他人，這也是換位思考很困難的原因。所以不僅不容易看見他人所經歷的痛苦，也因爲是別人的苦痛，所以很難切身感受。現在開始，換個角度向他人提問吧。

比起「你爲什麼連這些都無法戰勝？」請改說：「原來這對你來說，是很困難的事啊。我沒發現，如果有需要的話，讓我來幫你的忙吧。」向某個人伸出的援手，或是向他人表達的微小關心，都足以從深淵中救出陷入絕望的人。而能夠救起一個人的舉動，便也能夠拯救全世界。

說過的每一句話都會返回身上

這是製造和加工多種零件的世一精密會社鄭泰燮社長的故事。

他盡一切可能努力挽救公司，卻被股東告發瀆職……

他收到一家企業想要收購世一精密事業部門之一「汽車零件製造部」的提案。近幾個月，世一精密正面臨資金困難的困境，雖然想從銀行追加貸款，但因保人不夠，貸款不易，由於當時情況非常緊急，無論如何都得找到一條活路。

鄭社長經深思熟慮後，認爲即使會只剩一個部門，也要籌措營運資金，拯救如自己孩子一般的世一精密會社。他與收購者經過多次協商，最終簽訂了以五億韓元轉讓汽車零件製造部的轉讓合約，這筆融資有如雨後甘霖降臨於世一精密。

意料之外的是，鄭社長卻因爲這件事被以業務瀆職嫌疑起訴，告發者爲世一精密的股東裴忠烈。

裴忠烈的主張如下：汽車零件製造部是世一精密重要的事業部門之一，因此若想將其轉交給他人，需依照商法，經過股東大會特別決議，但鄭社長卻沒有經過這個程序就將事業部門轉讓給其他公司，因此違反了商法。此外，代表理事未經股東同意就出售像搖錢樹般的事業部門，這種行爲已犯了瀆職罪。

鄭社長感到不知所措，他以爲在移交事業部門時，只要寫好合約就可以，不知道需要召開股東大會。更何況，讓渡所得的五億元資金將全數用於公司營運，雖然自己違反了商法上的程序，但不僅沒有爲公司帶來損失，反而拯救了陷入危機的公司。現在卻反被說成瀆職，鄭社長感到眼前一片漆黑。

裴股東向警方提交訴狀後，又陸續交了要求嚴懲鄭社長的陳情書，鄭社長被警察署和檢察廳傳喚至少五次以上並接受調查，最終被起訴且需要接受審判。

我受到被起訴的鄭社長委託，負責爲他的刑事審判辯護。首先我打算釐清起訴人的眞正意圖。裴股東和鄭社長在出社會後認識，一直是像朋友一樣的關係，他看好世一精密的成長性，五年前投資了兩億韓元。不過由於世一精密沒有達到預期的成長，所以他改變主意，要求鄭社長歸還投資金。

其實就法律層面來說，鄭社長沒有返還投資金的義務，因爲投入資金換取股票的「投資」和借出錢、到期後能無條件回收本金的「貸款」性質並不相同。

舉例來說：某人認爲K公司在創新板股票電子交易市場上的案子很有前景，想以五千韓元的價格買入，但幾個月後股價卻下跌至兩千韓元，這時他並不能向K公司要求：「我用五千元買了你們的股票卻虧損，請歸還我的本金。」兩者是相同的道理。「投資」所帶來的損失無論如何都得由投資者自行負責。

同理可證，鄭社長在法律上並沒有接受歸還投資金要求的義務，但他基於道義和歉意，決定即使欠債也想將投資金歸還給裴股東，不過結果並不如意。

裴股東希望從讓渡所得取回自己的投資金，但鄭社長卻將收到的全部資金用於拯救公司危機，於是他懷恨在心，故意放大處理程序上的瑕疵，起訴的意圖並不單純。不過在調查過程中，這點似乎沒有充分體現，於是我決定在審判過程中著重強調這部分。

刑事審判第一次公審前，我和鄭社長比預定的十一點，提早了三十分鐘到達法庭。鄭社長非常焦急，我們坐在旁聽席上觀看了前一場審判，十一點之前的案件皆爲國選辯護案，當天一共預定有五起國選辯護案，我們碰上了第四起的開場。

事件內容如下：被告是一名二十三歲男子，在娛樂場所打工，目前被拘留中。他在娛樂場所內擔任服務生的工作，喝醉酒的客人（四十五歲男性）和鄰座客人（三十歲女性）發生了爭執，被告爲了勸架出面推開男客人，對方跌倒後，兩顆牙齒斷裂、面部擦傷，被診斷需要治療六週才能痊癒。

單從案件描述看來，被告人很冤枉，不過被害者傷勢嚴重，對於這樣的案件，加害者和被害者之間的和解協議非常重要。娛樂場所的老闆竭盡所能地推卸責任，被告似乎因爲家境困難而未能和對方達成和解。這種情況下，也許有人會反問：「那不是正當防衛嗎？」實際上，韓國法律幾乎不曾認可過正當防衛，因此，被告只是害人受傷的加害者，而客人就是受害者。

被告在兩年前也曾因機車交通事故留下罰金前科，若是這次無法和被害者達成和解，就有可能被判刑。再加上，被害者向法院提交申請書，希望被告能受到嚴格的處罰。想必是因爲自己受傷後，身體不舒服還得支付醫藥費，若是被告沒有受到任何處置，會讓他氣憤難平。

負責審判的法官憐憫地看著被告，並向國選律師詢問：

「這起事件無法達成和解嗎？被告看起來不是故意的……」

國選律師面有難色地回答：

「被害者比較頑強，他要求支付和解金，但被告的家庭狀況無法承擔。」

法官再次追問：

「被害者要求多少和解金？」

「一千萬韓元，包含治療費用以及日後可能發生的後遺症。」

法官嘆了口氣：

「眞是的，一千萬也不是什麼大錢，被告方不能嘗試籌點錢嗎？」

此時，一位大嬸一拐一拐地走到審判長面前，法庭警衛連忙上前阻止，大嬸趕緊合起雙手解釋：

「法官大人，我是那孩子的母親。」

法官向警衛揮了揮手表示沒關係，大嬸邊低著頭邊哽咽地說：

「法官大人，很抱歉是我沒有教好孩子。我受傷以後就失去原本在餐廳的工作，害那孩子必須出外賺錢，才會產生這種事端……」

不斷啜泣的大嬸看向身著藍色囚服的兒子，泣不成聲，法官露出困惑的表情。

「被告的母親，您不能嘗試和受害者達成協議嗎？只要和解了，就只需繳納罰金或是得以緩期執行。」

「我丈夫很久以前就因病去世，是我獨自扶養兒子長大，所以身邊一點積蓄也沒有。法官大人，只要您肯釋放那孩子，我一定會和他一起努力工作，無論如何都會準備好和解金。」

大嬸的眼淚不停掉落，法官似乎仍舊不願放棄，一直看向國選辯護人。最終無可奈何下，只好就此結束審判，檢察官提出判處有期徒刑一年的懲處，宣判日定在兩週之後。

這時鄭社長突然抓住我的手，拉著我走出了法庭。

「律師先生，我可以替那位同學支付和解金嗎？旁人能不能代被告支付和解金？」

「什麼？」

我一時聽不懂他的意思，愣在原地，只見鄭社長的眼裡滿是擔憂。

「和解金的話，只要被告同意，當然可以代爲支付。」

「那麼只要達成和解，那位同學就會被釋放嗎？」

自己的刑事審判就近在眼前，他卻在爲其他人擔心。

「是，只要雙方和解就能酌情處理，可以改爲繳納罰鍰或是緩期執行。剛才那位法官也是抱著這個想法才提出疑問。」

鄭社長露出了欣慰的笑容。

「原來還有方法啊。看著那位大嬸讓我想起過世的母親。律師先生，我會把錢準備好，還麻煩您對那位同學伸出援手。」

從審判紀錄所記載的經歷看來，鄭社長是在單親媽媽的撫養下長大。正因如此，他對貧困的年輕人和令人遺憾的事件特別感同身受。這讓我突然變得忙碌，急忙對剛結束案件、走出法庭的國選律師表示自己有話要和他說，之後會再聯繫他，彼此交換了名片，我和鄭社長再急忙回到法庭內接受審判。

那天鄭社長的審判很快就結束了，檢方申請起訴人裴股東爲證人，預計在一個月後的訴訟期限內對裴某進行證人審問。審判結束後，我撥了電話給那位工讀生的國選律師，說明了前因後果。那位國選律師似乎也對這個事件耿耿於懷，在聽到鄭社長的提議後，毫不猶豫地回答：「眞的非常感謝。」

事情進展得很順利，國選辯護人聯絡受害者，表示已經準備好一千萬韓元的和解金，並得到收下和解金後，對方便會提出不處罰申請書的明確答覆。我從鄭社長那裡收到和解金後，轉交給國選律師，而他將和解金轉交給被害者，並從被害者手中收到了不處罰申請書。兩週後，工讀生被判處有期徒刑六個月、緩刑一年，並立即獲釋。

一個月後，鄭社長公審日期到來，起訴人兼檢方證人裴股東爲了證明鄭社長業務上的瀆職嫌疑出席。檢方簡單的主審結束後，接著是我的反向審問。我表明鄭社長在處理轉讓的過程中，雖然犯下未經股東大會決議表決這種程序上的缺陷，但完全沒有對公司和股東造成損失，相關事業部門的轉讓反而是為了拯救公司的必要措施，對此在法庭上展開了激烈的攻防戰。裴股東仍舊堅持自己的立場，一貫主張鄭社長犯下了明顯的錯誤。

就這樣，在主審問和反向審問結束後，負責審判的法官進行了簡單的補充審問。不過這段補充審問卻足足持續了一個小時；起訴人不斷要求被告歸還投資金，卻未能如願，法官以業務瀆職罪起訴了鄭社長，並多次向調查單位提交陳情書，對鄭社長陷入困境的部分進行了追究。

「起訴人！你是希望世一精密能好好營運，還是只想盡快回收自己的投資金？雖然嘴上說是為了世一精密才提出告訴，但其實是為了拿回自己投資的款項，想透過打官司向被告強行施壓吧？」

面對審判長尖銳的提問，起訴人明顯感到不知所措，審判的氣氛正朝著對我方有利的方向發展。

兩個月後，在一審刑事審判中，鄭社長被判無罪。他將公司特定事業部門轉讓給第三者時，由於沒有經過股東大會同意，在程序上存在瑕疵，但綜合以下理由，仍獲判無罪：

1.該特定事業部在當時並不能被視為主要銷售部門，因此無法認定讓渡該事業部必須經過股東大會特別決議。

2.事業部的讓渡費用已全額用於公司營運，因此不能判定公司因此事受到損害。

3.部門讓渡費用計算合理。

4.原告是爲了能拿回自己先前投入的投資金，而透過提告對被告人強行施壓。

幾天後，我接到曾爲那位工讀生辯護的國選律師來電。

「曺律師，恭喜您辯護的案件獲判無罪，我有將鄭社長替我的委託人支付和解金的事情告訴法官……」

「啊！原來如此，原來負責法官也知情。」

這麼看來，雖然也許是我的錯覺，但在審判過程中，總覺得法官看待鄭社長的眼神與看待普通被告不太相同。鄭社長的善行轉了好幾圈，最終拯救了他自己。

鄭社長的多管閒事並沒有就此結束，他甚至聘請自己幫助過的那位工讀生為專用司機，並介紹他的母親到經常光顧的餐廳擔任助理。據說那位工讀生至今仍把鄭社長當作恩人，特別用心的服侍他。

我想起長期研讀《易經》的某位朋友說過的話：

「能夠改變與生俱來的命運的方法之一，便是對周遭的人行善。給需要吃飯的人餵飯、陪孤單的人說話。在東方，有人稱之為建立關係、也有人說是積善，我相信透過這些行為，好的運氣便會緩解我們的命運。」

我們並不是得無條件相信這段話，不過隨著年齡增長會越來越能體會，儘管無法證明因果關係，世界萬物卻是互相交織著的。造福的人總有一天會得到那份福氣，惡意的行為也總有一天會像回力鏢般回到那人身上。**比起在存摺上多累積幾分錢，更重要的是累積善的里程**，有時可能像魔法一樣，那股善的氣息說不定會改變我們的人生。

橫財變成橫禍的瞬間

金孝媛小姐是我母親朋友的熟人，
因為這層關係我才能為這媲美電視劇的事件提供諮詢。

金孝媛和崔奎春在談了三年戀愛後結婚，育有一子一女。老實的崔奎春在婚後經營網咖事業，遭同行詐騙，所有投資金一去不回後，便沉迷於賭博。金孝媛表示不願讓丈夫想起傷心往事，所以也盡量不嘮叨，夫妻之間的關係如常不壞。

有一天，崔奎春向妻子訴苦。他和朋友在賭場內，讓跑腿小弟幫忙以自動選號的方式購買彩券，再將那些彩券平均分給參與者。其中一位參與者金永基拿到的彩券中了一等頭獎，參與那次購買的一共有四個人，金永基獲得的獎金在扣除稅金之後，總額高達六十億韓元，根據約定除了金永基以外的三個人理應也可分得一人十五億的獎金。

「我們每次開局前，爲了祈求好運都會從賭注中抽些錢購買彩券，並約好若是中獎，就平均分配。」

儘管崔奎春因感到委屈而盡力爭辯，但這在法律上是難以被受理的案件。第一個癥結點在於「公平分配之約定的責任證明」，崔奎春得證明四人曾約定於彩券中獎時，同意平均分享獎金的這個約定。由於約定沒有以書面形式留下紀錄，所以需要透過證人們的證詞進行，這點似乎並不容易。

第二個癥結點在於購買彩券的費用來源是賭博資金。也就是說，即使能證明公平分配獎金的承諾，但由於彩券是透過非法資金購入，因此該承諾極有可能同時被視爲無效。

我認爲本案能被立案的可能性很低，所以原先並不想接受委託，但迫於金孝媛的懇切請求，只好接下包含崔奎春在內，其餘三名參與者的訴訟。

在審判進行的過程中，法院集中審理了我方事先擔心的兩個問題。爲了證明公平分配的約定，我方傳喚了當時在賭場爲他們跑腿的小弟作爲證人。雖然年輕人多少有些害怕，但仍舊一五一十地將當時的情況如實陳述。況且，除了金永基外，當時在場的其他三名原告皆主張曾答應公平分配約定，因此裁判部也認爲這點沒有太大問題。

造成問題的則是第二個爭論重點，既然用來購入彩券的費用來源爲賭博資金，那麼用這筆錢所獲得的彩券獎金的公平分配約定在法律上是否有效？我爲了搜集對我方有利的資料，甚至翻閱了日本的法律書籍，並向法院提交了與非法工資、非法行爲、反社會秩序法律行爲相關的各種參考資料。在審判進行期間，崔奎春夫妻時常前來找我討論對策，我也盡心盡力的準備辯論。

一審判決的宣判日終於來臨，法庭將勝利交到我們手中，並在判決書中記錄：「縱使賭博是犯罪行爲、用來購買彩券的費用也是賭博資金，卻不能因此認定中獎後公平分配獎金的約定也是違反善良風俗等社會秩序的無效行爲。」

宣判日當天，崔奎春夫婦在我的事務所內流下了高興的眼淚。計算之下，崔奎春之後可以獲得當初分配到、約十五億韓元的獎金。被告人金永基由於不服一審判決，提出上訴，此案移交○○高等法院繼續審理。我也持續負責二審辯論，反正一審所需的爭論焦點都已得到解決，看起來也沒有其他問題。不過金永基方的訴訟代理人爲了推翻一審結果，提出多種法律主張，並申請了多名證人，所以二審幾乎進行了一年左右。

一審進行時，崔奎春夫妻經常聯絡我，也經常來訪事務所。但在二審進行時卻幾乎沒有和我聯繫，我以爲僅是生活繁忙，沒有想到會有其他原因。直到崔奎春在二審獲判勝訴後的幾天，我才接到介紹金孝媛來訪、我母親友人的電話，也才明白爲何這段時間崔奎春夫妻都沒有和我聯絡。

崔奎春在一審獲判勝訴後，想到可以獲得鉅額獎金，態度就產生了巨大變化。他變得動不動就喝酒、對妻子動手，且經常施暴，外宿也變得跟吃飯一樣頻繁。後來經確認後發現，他和之前認識的女子早已同居，讓金孝媛感覺彷彿天就要塌下來。崔奎春表示會提供精神補償費與孩子們的撫養費，堅持要求離婚，金孝媛想盡辦法挽留，卻無法挽回早已不在身邊的丈夫的心。

最後兩人協議離婚，孩子們由金孝媛繼續撫養，條件是每個月兩百萬韓元的養育費，以及五千萬韓元的精神補償費。剩下的問題便是「財產分配」，崔奎春表示獎金訴訟仍在進行中，財產分割要等官司完全結束後再來討論，金孝媛也同意了。

我聽完前後的事件感到非常生氣。雖然不能對別人的家庭說三道四，但崔奎春的行爲實在令人髮指。

那之後，彩劵獎金的訴訟由崔奎春方獲得最終勝訴，雖然金永基提出上訴，大法院在二審仍舊決定維持相同判決結果，崔奎春獲得了約十五億韓元的獎金。

問題隨後發生，崔奎春把透過訴訟獲得的全部獎金捆綁交付信託，表示自己沒辦法給前妻任何一毛錢。對此表達反對的金孝媛向崔奎春提出財產分割請求訴訟，要求至少一半的彩劵獎金分額，也就是八億韓元。我認爲不管自己爲哪方辯護都不太妥當，於是沒有介入，僅從旁關注訴訟過程，並在心裡爲金孝媛加油。

雙方各自聘請律師展開了激烈的辯論。對於金孝媛的要求，崔奎春方的回應是：「彩劵獎金不適用財產分割請求。」原本財產分割可以要求共享夫妻一同創造的財產，不過他方主張彩劵中獎是靠崔奎春單方面的運氣，所以不能成爲財產分割的項目之一。

經過大約七個月的一審訴訟結束後，裁判部選擇站在崔奎春那邊。他們的結論是：彩券獎金的確只是崔奎春個人的「幸運」，並不算是夫妻共同努力累積的財產，以法理來說，這也許是個合理的結論，但從情感上來說，讓人很難接受。

金孝媛不服一審判決結果，選擇二審上訴，於是他們又對質了六個月。不過二審結果沒有改變，金孝媛只能獲得當初約定好的五千萬韓元精神賠償費，以及每月兩百萬韓元的子女養育費，以此切斷和前夫之間的惡緣。之後聽說崔奎春和同居女友分手，彩券獎金被安全保管在秘密金融帳戶中。

崔奎春事件的餘韻讓人很不好受。就這樣，我逐漸淡忘這對夫妻的事情，直到大約六個月過後，金孝媛再次來訪。據悉，在和金孝媛的訴訟中獲勝的崔奎春，後來把保管在秘密帳戶中的彩券獎金領出，在首爾東大門附近購入了五間店鋪。因爲平時沒有穩定月收，他爲了增加租賃收入，才選擇購入店鋪。

某一天晚上，晚歸的崔奎春被肇事逃逸的車輛撞擊，當場死亡。且非常不幸，沒能抓住犯人。崔奎春在死亡的當時已無父母或法律上的妻子，唯一的繼承者就是與金孝媛結婚時所生下的一兒一女，由於孩子們尚未成年，便由金孝媛擔任財產管理人。此外，崔奎春在一個月前購入了高額死亡保險，投保時沒有特別指定受益人，保險金便轉由法定繼承人承擔，也就等於他的子女額外收到了五億韓元的死亡保險金。處理受理的過程中，需要準備一些複雜的文件，於是金孝媛才又前來尋求我的幫助。

我就像看了一部電影一樣。崔奎春爲了獲得彩券獎金展開了激烈的法庭鬥爭後，又爲了逃避財產分割接連提起訴訟，最後的結局卻如此令人唏噓。若是崔奎春在獎金分配的訴訟中敗訴，事情會發展到這種地步嗎？就因爲人類是如此虛無縹緲的活著，我們面對生活才應該更加謙虛。

人們都希望能賺大錢。橫財代表意外獲得的財物，這裡需要注意的是「意外」，意料之外的財富。與自我本身的努力結果和意志都無關，這樣意外的收入會帶來什麼樣的問題呢？

因爲不是透過自身努力獲得，所以不清楚這些財富的珍貴。就算再怎麼努力維持平常心，也難以控制不自覺浮躁的情緒，甚至在過了一段時間後，**錯把偶然獲得的幸運當成自己的實力，最終就會經歷讓橫財變成橫禍的瞬間**。分不清眞正該去珍惜的是什麼，也分不清什麼才是眞正的自我。

敵人，也是受傷之人

「說實話，這傢伙是個瘋子。他已經沒救了。」

向我委託訴訟的銀行法務負責人長嘆了一口氣。

A銀行是我所在的法律事務所長期負責的諮詢客戶，五年前開始便爲了一位主張自己受到傷害，執著的提起民事訴訟的鄭某非常頭疼。

鄭某的主張如下：他在六年前向A銀行申請了五億韓元的貸款，但在貸款成立的當天早上，他急忙打電話要求負責人暫停貸款的發放。因爲當時遭他欠債的客戶方提前得知鄭某通過貸款的消息，預先把他將接收貸款的帳戶申請了假扣押。

從銀行的立場來看，總行已經批准貸款，資金也即將到帳，所以無法中斷。鄭某的貸款仍舊持續進行，但他卻沒能使用半毛錢，最終導致公司破產。

鄭某以銀行沒能即時中斷貸款程序爲由提起了訴訟，不過銀行提出貸款皆照正常程序進行，戶頭被凍結是鄭某個人債務問題，銀行無法爲其負責。

就法律層面來說，鄭某的立場很難被法院接受。雖然當時銀行因爲程序繁複，沒有顧慮到鄭某的緊急狀況或是和總行協商，持續進行貸款流程的確不近人情，但即便如此，也很難向銀行追究法律責任。

鄭某認爲是銀行業務處理不善，才導致自己的事業破產，所以才盡可能的利用訴訟程序不斷折磨A銀行。不僅將相關人員全數申請爲證人、傳喚至法庭，還向法院申請繳交文件命令，持續要求銀行提供相關資料，爲負責人帶來許多麻煩。

對案件相關人員來說，被傳喚爲證人出庭本身就是一件極爲麻煩的事情。不管是誰都一樣，爲很久以前發生的事情作證時，由於記憶的誤差，在細節上容易出現與事實有出入的陳述，而鄭某只要在證人發言的過程中，發現任何一點與事實不相符的發言，便會立刻以僞證罪對相關證人提出刑事訴訟。就這樣，已經有兩名相關人員因涉嫌提供僞證，正在接受調查。

鄭某還利用繳交文件命令，從 A 銀行獲得各種書面資料後，找出疑問點並追加證人審問或是繳交文件命令。雖然訴訟結果總是 A 銀行勝利，但在過程中 A 銀行及相關人士所需承受的壓力是無法言喻的。

我當時工作的法律事務所中，原先是由其他前輩負責鄭某的案件，但後來大家都避之唯恐不及，這個案子便落到我頭上。

我在仔細閱讀鄭某提交的訴狀後發現，他的確是非常執著的人，但如同銀行負責人所說，他看起來並不像精神不正常，反倒像是因爲受傷和長期被無視，才會如此惡意地堅持到底。在我發現鄭某的年紀和我母親同齡時，心裡多了幾分難過。深深覺得需要重新反思，是否有其他辦法能夠改善與鄭某長久以來一直處於僵局的關係。

審判第一天，我找到了在法庭上等待的鄭某，並且先向明顯帶著高度防備的鄭某鞠躬打了個招呼，然後遞出名片，鄭某瞟了我一眼，用冷嘲熱諷的口吻說：

「這次換了新律師啊。」

我沒有理睬那句話，而是直接回覆：

「我仔細閱讀了您提出的訴狀內容，可以感受到您既生氣又委屈。雖然我身爲A銀行的委任律師，受銀行委託進行案件，但我能夠理解您鬱悶的心情。」

聽完我的話，鄭某的雙眼突然變得濕潤，他好像被嚇到似的，沒有再多說一句話，這天的審判在雙方各自簡單表明立場後便結束。

一個月後的第二次審判，我也先去和鄭某打招呼，但和上次不同，這次他鄭重地接受了我的問候。

鄭某開始鉅細靡遺的傾訴這段時間因爲A銀行受到的所有委屈，就法庭來說，雖然幾乎都是完全沒有意義的訴苦，但肯定也有值得參考的部分。我從談話過程得知，鄭某除了A銀行外，也同時和B公司有著法律糾紛，在審判結束後，我擬出了一個新的提案。

「由於我是受到A銀行委託來處理這起案件，所以對於當前的狀況不能提供法律上的建議，這是違反律師法的行爲。但是對於您以B公司爲對象的起訴案件，我可以提供免費協助。如果有需要的話，歡迎聯絡我名片上的電話。」

鄭某很快地在隔天就打電話給我，表示想諮詢自己和 B 公司進行中的訴訟情況。他拿著一杯飲料進到我的辦公室，由於他和 B 公司之間的訴訟有一定的勝算，所以我提出了建議，並親自列表給鄭某他需要準備的書面資料和證人審問相關注意事項。

不過儘管得到我的幫助，鄭某對 A 銀行仍舊像以往那般，不斷提出繳交文件命令申請，甚至申請了四名相關人士、包含副行長，到法庭進行證人審問。A 銀行的法務負責人要求，無論如何必須在下次審判日前阻止鄭某浪潮般的猛烈攻勢。

即使以書面形式提出繳交文件命令和證人申請書，若想被正式受理，仍須在法庭上再次向法官確認申請相關事宜。於是我要做的，就是無論如何都得在下次審判前說服鄭某，讓他在法官面前取消證人和繳交文件命令申請。

第三次審判日那天，我提早來到法庭和鄭某見面，並向他表明了我的意見：

「現在您向裁判部申請的證據大多都和案件本身沒有直接關係，您也知道吧？過去這段時間，爲何您不停在審判中落敗？都是因爲沒能抓住問題的核心。在法官看來，也許只會覺得您在耍脾氣，才會有不好的見解，現在的方式對您並不利。」

鄭某靜靜聽了我的話，然後問我該怎麼申請證人才是正確的。

「反正這起案件的爭論點在於沒有終止貸款這件事是否爲銀行方的過失，最了解這點的便是負責人金代理，那麼唯有申請金代理爲證人，法院才能判斷您的證人申請妥當。當然金代理也不會對自己工作的 A 銀行說出不利的回答，不過這部分只能靠您自己去克服了。」

說明後，我也如實表達了我的立場：

「坦白說我也受到 A 銀行的施壓，如果多名證人的申請全部被接受，他們肯定會指責律師到底做了什麼，還請您也考慮一下我的立場，謝謝您。」

「眞是的，我也不希望讓曺律師爲難……」

聽了他的話，看來心態好像軟化了不少。不久後，審判再度開始，鄭某在法庭上整理了自己對證據申請的立場：

「我要撤回繳交文件命令申請，並且取消其他證人的申請，只留下對金代理一人的證人申請。」

審判長在知道不需要進行不必要的證據調查時鬆了一口氣。

「這是很好的決定，本來就該集中在審判的核心論點上進行。」

我走出法庭時，向鄭某表達了謝意。

「非常感謝您，謝謝您考慮到我的立場。」

鄭某卻這樣回應：

「我知道曺律師爲我刻意騰出時間、也爲我提出很好的意見。我可不能折磨曺律師。坦白說我也沒有期待能在這場訴訟中獲勝，只是很不滿意A銀行的作爲。撇開勝負不談，就只是想要折磨A銀行罷了。不過在聽完曺律師的話之後，我有點清醒了，審判並不能靠情緒意氣用事，這簡直不是人能做的事情。」

證據申請大幅減少，特別是鄭某撤回了對副行長的證人申請，讓A銀行法務負責人也鬆了一口氣。最後，該事件在一審以A銀行的勝訴告終，鄭某沒有再提出上訴。

不過，在我給予過幫助的B公司官司中，鄭某獲得了部分勝利以及勝訴判決金（兩億五千萬元），讓他足以償還之前讓他飽受煎熬的高利貸債務。我之後發現鄭某的小兒子在大學畢業後，因找不到工作而苦惱，便介紹他到我受聘擔任顧問的企業就職。鄭某至今還會在中秋或春節時送我賀禮。

在本案中，比起將鄭某視爲「折磨我委託人的敵人」，我更視他爲一位「受了傷的人」，並且在法律允許的範圍內，努力去理解他的傷口。

當傷口癒合到一定程度後，對方便會正視自己的狀況。對他來說，單純靠狠勁進行的訴訟是必要過程，因此得先軟化他火球般、不知該如何是好的內心。

剛當上律師時，我認爲只要相信委託人說的話，成爲委託人的鬥士，替他與另一方戰鬥就可以了。不過在經歷無數起案件後，我確確實實的領悟到，**如果單純提出一個只在乎勝敗的觀點，之後便會遇上其他的問題。若是沒有從根本去解決問題，問題的鎖鏈便無法切斷。**

一場喪禮，化解自尊心之爭

「社長，請您還是聽從法院的調停吧。這樣一直爭吵下去，會為彼此帶來損失……」

審判已經索然無味的持續了十個月，這是A公司和B公司一同承攬並執行工程後，在分享從招標單位收到的二十億韓元工程費用的過程中發生的矛盾事件。

A公司主張B公司未能好好工作，當初決定對分的工程款項應照A公司獲得八〇%、B公司二〇%的比例分配。A公司之所以提出這樣的立場是因爲B公司沒有即時投入人力，也沒有按時交貨，A公司爲了填補對方的空缺投入了大量的人力，甚至追加資金，因此應該得到相應報酬。A公司認爲，招標單位所提供的二十億韓元，應該分給A公司十六億韓元、B公司四億韓元，才是合理的報酬。

對此，B公司的立場是，雖然他們進度較慢，但仍舊順利完成了工作，且從招標單位那裡也收到了全額工程款項，因此應該依照當初的約定直接對分。

在本次案件中，我是B公司的委任律師，法院在審判的過程中表示認同B公司未能完美處理工程進度，理應讓出部分報酬。法院向雙方發送了A公司和B公司應分別獲得十六億以及四億韓元報酬的調整案。調整案於判決前發送，如果雙方在十四天內對調整案沒有提出異議，其本身就會產生與判決相同效力，但若是任何一方提出異議。審判就會重新開始。

在我看來，法院的調解方案算合理。但兩家公司的社長自尊心都很強，彼此寸步不讓。果不其然，雙方都對調整案提出異議，法院重新擬定了審判日期。

A公司的吳社長和B公司的權社長似乎認爲，因爲彼此在業界屬於競爭關係，所以本次事件不僅僅單純是金額糾紛，而是攸關自尊的問題。吳社長尤其想藉由這次機會向業界揭發B公司辦事不牢靠的事實，爲今後的訂單競爭取得優勢。另一方面，B公司對於自己的錯誤被法院公開認證這件事反應相當敏感。

A公司委任的金律師是我的大學學長，我們偶爾會碰面相互抱怨這件事。

「曺律師，人類爲什麼要這麼固執呢？適當的和解不是比較好嗎？」

「就是說啊，學長。法院也很難對此案下定論，兩間公司各自負責的工作分配很難計算吧？所以他總是提到和解，但這也得當事人聽得進去才行。」

強制調整案因爲雙方皆提出異議而告吹，在重新擬定的審判日兩天前，學長打了電話給我：

「曺律師，審判日必須延期了。吳社長的父親在今天凌晨去世，他是獨生子，我告訴法官希望三週後再重新決定審判日期，希望你們也同意。」

我答應後便將此事告知我的委託人權社長。權社長沉默了一會兒後，問我能否幫忙打聽吳社長父親舉辦喪禮的地點。我查到吳社長父親設於浦項殯儀館的靈堂準確所在地，並轉達給權社長。

兩週後，我接到了學長的電話。

「曺律師，據說兩位當事人達成了協議，你聽說了嗎？」

「我沒有聽說，他們是如何達成協議的？」

「我的委託人說，他們已經協議把二十億的費用分給 A 公司十二億韓元、B 公司八億韓元。」

「什麼？這樣 A 公司的吳社長做出了很大的讓步，爲什麼呢？」

「這點我不太清楚，我也是剛剛才接收到消息。但無論如何，對我們來說都是好事吧？曺律師也辛苦了，B 公司獲得了比法院調整方案更好的結果。」

那天下午我從權社長口中聽到了事情的原委。權社長表示，即使自己和吳社長在法庭上吵得不可開交，聽到他父親過世的消息，覺得不能裝作不知道，於是親自前往浦項弔唁。權社長的父親在一年前因胰腺癌去世，聽到吳社長的父親去世的消息後，突然想起去年的事情。對於在父親過世的前幾個月，一直守在痛苦不堪的父親身邊的權社長來說，吳社長父親的消息讓他感同身受。

也許權社長突然出現在靈堂太令人意外，吳社長看起來很慌張，權社長向他詢問：「您一定很傷心，令尊是久病纏身嗎？」

吳社長解釋自己父親在飽受病痛折磨長達一年多後離世，這讓權社長想起過世的父親，當場痛哭流涕。突然的悲傷襲來，讓他不能自己。他向吳社長講述了去年自己父親去世時的感受，吳社長也表示自己因爲父親病痛纏身的模樣感到非常痛苦，兩人甚至相擁而泣。權社長遲遲不忍離去，於是留在喪禮上不斷喝著酒，直到出殯時也跟著一同進行追悼。

幾天後，結束三虞祭①的吳社長打了電話給權社長，提議彼此別再繼續不必要的紛爭，表明A公司願意拿取二十億全額費用中的十二億韓元，剩下的八億韓元歸B公司所有，並將此內容寫成保證書後結束訴訟。

權社長對吳社長竟然提出比法院的調整方案更破格的提議感到驚訝，突然感到有些不好意思，儘管他向吳社長表明可以不用這樣做，但吳社長想要報答權社長抽空前來參與父親喪禮的眞心，希望他能接受提案。

「我父親一直祈禱兒子能成功，沒想到又這樣救了我這個沒出息的兒子一次。我想趁這次機會不再執著於不必要的自尊心，全力投入事業。」

權社長紅了眼眶，之後兩家公司又共同承攬了另一項工程，這次很有默契的相互配合，成功完成了案子。

人們打官司的理由是什麼？可能是爲了錢，也可能是爲了感情，尤其是雙方賭上自尊心在法庭上展開攻防戰時，幾乎不可能在合乎情理的狀態下達成協議。理想的狀態中，雙方互相讓步，專注於本身的事業才是雙贏的局面，但在賭上自尊心後，一切都會變得不同。**自尊心會阻擋我們做出合理的選擇，人類就是這樣感性的存在。**

吳社長和權社長之間有如平行線的紛爭，這激烈的自尊心對決在發現「父親」這個共通點以後，讓雙方都卸下了武裝。無論用多麼有邏輯的理論來說服，他們的內心都有如銅牆鐵壁般不爲所動，但在面對父親的回憶和愛時，便像春雪般融化……果然能收服人心的神秘鑰匙，不僅只建立在邏輯上。

編注：

① 虞祭是死者安葬後舉行的祭祀，以安亡靈。韓國的喪葬文化中，虞有顧慮和安撫之意，所以從擔心顧慮變爲安撫的祭祀要每隔一段時間共進行三次：初虞祭、再虞祭、三虞祭。近代的作法則是下葬當天進行初虞祭，第二天做再虞祭，第三天做完三虞祭後去掃墓。

千迴百轉的因緣

稍早，我參加了客戶企業的慶祝派對，
而且我們喝得賓主盡歡，非常愉快。

這場慶祝派對，是他們在焦急等待多時的大規模投標案中被認定爲最終得標者。在那裡我見到了在此投標案扮演一等功臣角色的裴理事，以及帶著欣慰笑容看著理事的郭社長。靜靜看著兩人的我想起「因緣的奧妙」，不禁露出微笑。

環環相扣的因緣①

大約五年前，一位熟人裴理事向我介紹了K公司。

「曺律師，在我看來K公司眞的很冤枉，K公司的社長是我的學弟，還請你多多關照。」

我受裴理事的請託，代理K公司向H公司提出求償五億韓元的損害賠償訴訟。但由於合約內容模稜兩可，很難將審判推向勝訴。

裴理事在訴訟期間，曾三次單獨請我吃飯，並表示「我從學弟那裡聽說，曺律師會為訴訟盡心盡力，請努力到最後為我們伸張正義！」隱晦地施加了壓力。

我為了幫K公司取得勝訴苦惱許久，為了完善模糊的合約內容，甚至傳喚對方公司的常務作為證人，進行了殘酷的證人審問。這場證人審問最後變成勝敗的分水嶺，K公司在一審獲得勝訴。H公司不服判決結果，向高等法院提起上訴，但在二審中也未能推翻一審結果。最終H公司放棄向大法院上訴，本案確定為K公司勝訴。

環環相扣的因緣②

大約兩年前，我接到一家公司來電邀請我當法律顧問。我在約定時間走進會議場所，看到委託人的瞬間停下了腳步，明明是以前曾經見過的人，我卻想不起來對方是誰。那位委託人不好意思地笑著和我握手。

「您還記得嗎？當時在證人席上，您嚴厲地拷問過我。」

這位就是當時我替 K 公司進行激烈訴訟的對象——H 公司的黃常務，他為什麼會在這裡呢？

「經歷那場審判後，我們社長對曺律師留下了深刻的印象。那次敗訴後，我們公司經歷了一段很辛苦的時間，因為對中小企業來說，五億是很大的數目。」

「是……我很抱歉。」

雖然我沒有理由感到抱歉，但道歉的話卻不小心脫口而出。

「之後也經歷過幾起訴訟，結果卻都不太如意。所以社長這次想要直接聘請曺律師來當顧問，所以就派我來這裡。」

啊，原來還有這種事情，竟然想和讓自己敗訴的律師簽訂顧問合約。

「我們社長說與其當敵人，不如拉攏您成為自己人，哈哈。還有我們公司今年開始將進行多起合作案，還請您多多幫忙。法律顧問的條件大概是如何？」

於是我糊裡糊塗的變成 H 公司的法律顧問。之後也拜訪了 H 公司和郭社長打了招呼，過去的官司現在成了茶餘飯後的閒聊話題。我也因為內心帶著歉意，所以都盡力優先處理H公司的諮詢要求，並努力為他們解決問題，也會特別抽出時間，為H公司的職員們多次進行企業法務和協商相關的特別講座，有幸在短時間內與公司內多位職員建立了友情。

環環相扣的因緣③

又過了幾年，向我介紹K公司訴訟案的裴理事急忙前來找我。裴理事任職的公司突然面臨資金周轉危機，在連續六個月發不出薪水的狀況下，連代表理事也拿著鉅額資金捲款潛逃，只差尚未宣布破產而已。

「真的很抱歉，但在您認識的企業中，有可以幫我牽線的公司嗎？因為情況非常緊急，只好不顧廉恥的向您提出請求。」

我問裴理事若是拜託之前協助辦理訴訟的K公司如何？裴理事卻苦澀的笑了。

「這世間人情真淡薄，我當時為了學弟四處奔波、尋求幫助，這次拜託他幫忙找個工作卻遭到拒絕。我已經超過五十歲，又身為社長的學長，以K公司的立場看來也許會造成負擔。即便如此，我也不想一邊強調往事、一邊委曲求全自取其辱，所以……」

儘管我表示會盡力幫忙打聽，但考慮到裴理事的年紀，重新就業顯然不是一件容易的事情。當我正爲裴理事的工作問題苦惱的某一天，接到了H公司黃常務的電話。

「律師先生，最近我們公司的本部長爲了和親哥哥自行創業突然離職，這讓我很苦惱。我在尋找一位年約五十出頭，職場經驗豐富的營業部本部長，不知道您有沒有認識不錯的人選？」

我嚇得瞬間倒抽了一口氣。

「這樣嗎？我有一位人選，他能力出眾、人品也很優秀。和我已經認識超過十年，是值得推薦的人選。目前任職的公司內部存在複雜的問題，CEO的品德也出現問題，所以正心亂如麻。該讓我來爲你們牽線嗎？」

黃常務非常高興的說道：

「如果是曺律師推薦的人，我們當然非常歡迎。請替我們向那位妥善傳達，幫我們安排見面的機會。」

我在那天晚上立刻約了裴理事，詳細和他說明H公司的現況以及郭社長的性格取向。裴理事也非常高興，但他好像還不清楚提供就業機會的這間H公司，就是以前和K公司進行訴訟的公司。

幸好當時比起深入參與案件本身，裴理事只是拜託我好好處理案件，對於K公司的訴訟對象以及內容都不太清楚。我便沒有刻意提起這件事。裴理事在與H公司的郭社長面談後，被聘請爲營業部本部長。對於清楚整個故事發展的我來說，怎麼能夠不產生微妙的情感呢？

在佛教中，會將造成某個結果的直接原因稱之爲「因」，影響該結果的間接原因稱之爲「緣」。以稻田爲例，播種便是「因」，稻田、肥料、水、太陽、空氣和農夫的努力，這些間接原因便是「緣」，解釋了我們爲何能在秋天進行秋收。

裴理事之所以能轉任H公司擔任營業部本部長，其中隱藏著什麼樣千迴百轉的「因緣」呢？當初裴理事自發性的想幫助K公司，所以把兩家公司的訴訟交給我，那個場面便是「因」。

接著，我承辦該事件，努力與H公司進行攻防戰，雖然曾爲H公司帶來困擾，他們卻對我的熱情給予高度評價，甚至聘請我爲法律顧問，而H公司的前任本部長爲了創業而離開公司，這一切似乎都間接起了「緣」的作用。

以結果論，可以說裴理事無條件爲學弟的公司介紹我的善行經過千迴百轉，打造了一個有如無限循環的莫比烏斯環般帥氣的因緣。

空氣清淨機業務斜槓法律事務所長

「律師，他說是你的國中同學耶？」

秘書幫我轉接了一通電話——

「不知道你還記不記得，我是國中二年級和你同班的永春，黃永春！」

永春、永春……我反覆思考，卻想不太起來。我對於自己的記憶力有些自責，大概是一轉身就會忘記的程度。

「啊，永春，我當然記得！我們有多久沒見了？」

我假裝記得，想著也許配合進行寒暄，就能從對話裡找到線索。但不是特別親近的國中同學時隔二十五年捎來了消息，難道遇上了什麼法律上的問題嗎？我正在撰寫需要提交給法院的書面資料，內心有點焦急，希望對方能快點說明來意。

「就是說啊，父母親都還安好嗎？」

「嗯，我把他們接來首爾一起住。永春你呢？老人家們過得好嗎？」

「我也差不多，孩子怎麼樣？」

「我有兩個女兒，你呢？」

「哎呀，很會讀書的祐誠也沒能掌握生兒子的技術啊？我一兒一女。」

「是嗎？那你……找我有什麼事？」

話題轉了半天，他才說出來意。永春原本從事建材方面的事業，但由於主要交易企業破產，連帶導致事業倒閉，欠下大筆債務。輾轉做了一些工作，目前擔任空氣清淨機租賃業務。

「我手下有五名職員，我是組長，但也需要跑業務。周遭認識的人全部問過一輪後，就找不到新客戶了，所以……」

總之，就是想拜託認識的人介紹願意承租空氣清淨機的新客源。

「畢竟你是律師，所以應該認識很多擁有辦公室的人……我們公司的產品很不錯。」

永春接著說：

「其實我已經好幾個月沒有業績了，再這樣下去，恐怕連組長的位置都不保。如果要保住組長的位置，就必須提高基本業績。」

空氣清淨機……我向永春詢問了產品的優點和型號、具體的租賃條件等，於是他說下午要來我的事務所拜訪。我表示他不一定要親自過來，我自行研究後會再與他聯絡，不過永春卻執意前來。也許是出於歉意，他說至少想要當面打個招呼。

掛斷永春的電話後，我翻閱著手機上的聯絡人，物色著可以放寬心拜託的對象。首先想起那些我曾提供免費諮詢的委託人。想著從前我也幫過他們忙，這種時候應該可以提出請託吧……

「金社長，你好。」

「是，曺律師好久不見。久沒聯絡了，改天有空一起去打高爾夫球吧？」

「好啊，不過您有需要空氣清淨機嗎？」

「什麼？空氣清淨機？」

金社長在幾個月前因爲小姨子的租金問題前來諮詢，我向他指點過解決方案。

由於時間不多，我就開門見山地說出了來意。同時也參考網路上空氣清淨機的優點，作爲補充說明，儘管金社長對我的說明一知半解，但還是欣然答應了。

「曺律師的請託一定得答應，我可以在辦公室裡放兩台。」

我打給五、六個人，在電話上用「單刀直入」的方法推銷了空氣清淨機。雖然不是完全沒有壓力，但大家都很爽快地答應我的請託，在三十分鐘內就預約了十台。我感到很欣慰，覺得過去這些歲月並沒有白活。

永春下午來到事務所，我見到他後就模模糊糊地想起往事。即使是朋友關係，畢竟是前來請託的立場，難免顯得有些畏畏縮縮，我爲了讓他安心，稍微聊了一些學生時期的話題，然後拿出寫有顧客名單的紙。

「永春啊，這些是我可以放寬心拜託的人，怕他們改變心意，今天就打個電話和他們確定吧。」

「居然這麼多……」

永春接過紙，說不出話來。我聳了聳肩。

「律師的工作常有助人的機會，當時累積的人情券，就是用在這時候。」

「我給你添麻煩了。」

「哎呀，怎麼會。朋友之間互相幫助罷了，我會在這週繼續使用人情券，我們辦公室和家裡也各放一台吧。」

我怕永春尷尬，硬著頭皮活絡氣氛。從他的臉上可以感受到生活的辛苦，為了這樣的請求打給二十五年不見的國中同學的心情又是如何？為了不讓自己受傷，語氣和表情都更加小心翼翼。

送走永春後，我連續兩天派發了人情券，預計可以追加預約十五台。因為不是我自身的請託，而是替朋友解決事情，意外的更好開口了，甚至還聽到這樣的好話：「為了朋友這樣積極行動，看起來真棒！」

幾天後，接近下班時間，永春打來了電話。

「祐誠，你在律師事務所工作吧？若是我介紹客戶給你，會有幫助嗎？」

「當然有幫助，律師也是需要開發新顧客。」

「那麼就算是透過事務所承辦的案件，也會對你個人有所幫助吧？」

「對啊，會算入我的業績。」

「原來如此，那我知道了！」

那之後，透過永春的介紹，經手了各式各樣的委託。

「曺律師嗎？黃永春組長介紹我來和您諮詢。我們公司的職員帶著商業機密被挖角去競爭公司，在這種情況下，我應該採取什麼措施呢？」

「黃永春是我的學弟，許多人都稱讚曺律師的實力出眾。我在出貨後，沒有如期收到三億韓元的費用，所以想透過訴訟解決這個問題，該如何和您諮詢？」

因賣不出空氣清淨機而手足無措的朋友，突然變身成高效率的法律事務所所長，我後來聽說永春逢人就問：「你有法律上的問題嗎？我認識一個非常有能力的律師……」

就跟我用單刀直入的方式詢問：「你需要空氣清淨機嗎？」一樣。

年末我計算了過去一年的委託業績，發現由永春介紹的委託案占了整體案件數的三〇％，金額高達四〇％。也就是說，稍微幫助空氣清淨機業務的舉動，讓我獲得了無法拿來互相比較的「不公平交易（？）」。

永春在一年後辭去了空氣清淨機的工作，重新投入原本的專業建材領域，據說是決定幫助前輩的事業。和一年喝不到十次酒的我恰好相反，一年有三百天都在喝酒的永春持續代替我邊應酬邊宣傳法律業務。

「你有法律上的問題嗎？我認識一個非常有能力的律師……」

身爲律師的我也很需要業績，在給予永春幫助的同時，其實也可以說：「來，既然我幫了你，你也幫我宣傳吧！」但我作夢都沒有想過這個念頭，只苦惱著該如何在不傷害他自尊心的情況下，提供他實質的幫助。相信我的眞心已原封不動地傳達到朋友的心裡了。

處於困境的人會比平時還要敏感。也許會因爲小事受傷，但也可能因爲小小的關懷而感到莫大的安慰。儘管無法幫助每一個需要幫忙的請求，但也的確有把四處助人當成習慣的人。

當周圍有遇到困難的人想尋求幫助時，必須在能力所及的範圍內抓住他的手，因爲這是身爲活在同一世代的人的關聯與人性美。

法官爲何刻意看了律師三次？

地方法院的審判有著和首爾法院不同的獨特感。
應該說，是讓人感到更溫暖且有人情味嗎？

到達C市的地方法院後，我走進一〇二號法庭進行案件審理，在法官席看到我的大學學弟——K法官正在進行審判。比我晚一年通過司法考試的K，之前一直沒有聯絡，直到十年後的現在，這樣在法庭上以法官和律師的身分相見，感覺很新鮮。

K是在大學時期，就經常和我在圖書館裡爭論法理，是個熱情的學術派，我不僅記得他投入辯論的模樣，也記得他和我一樣來自鄉下，所以格外親切。

我至今仍記得，某年冬天，我無意間看到K穿著破了洞的球鞋，不知道出於什麼想法，我用打工存下的錢送了一雙運動鞋給他。現在回想起來，這對K來說也許是會傷到自尊心的舉動，但他卻感激的收下了。這些事彷彿昨天才發生，眞是歲月飛逝……

我參與的審判結束後，從律師席上拿起我的包包，看著K準備進行下一個審判。聽說事件內容很特別，原告是B資融公司，被告則是一位老爺爺。

十一年前老爺爺的兒子向B資融公司貸款三千萬韓元，老爺爺爲兒子的貸款債務作保，但在拿到貸款六個月後，兒子因意外事故身亡。

B資融在經過很長一段時間後，才在合約中發現老爺爺是兒子貸款的連代保證人，因此要求償還貸款債務，由於滯納期超過十年，利息比本金更加龐大，訴訟金額足足高達九千萬韓元。

B資融甚至對老爺爺的家進行假扣押，老爺爺沒有聘請律師，而是獨自參與審判。

「法官大人，我們夫妻倆工作了一輩子才擁有了一間房子，懇請您從寬處理一次。」

若老爺爺於本案敗訴，B 資融便可將老爺爺的房子拍賣，然後優先取回被積欠的債務。K 法官向 B 資融的律師提問：

「爲什麼要在擱置了這麼久之後才提起訴訟？」

律師回答：

「我方在查明內幕後發現，應該是負責人經多次更換，合約文件沒有被妥善保管所導致。」

但也無法因爲訴訟延遲提出而不受理。

「法官大人，拜託您對老人家從寬處理吧……」

老爺爺不斷向 K 哭訴，但因爲是民事訴訟，即使老爺爺有許多苦衷，若是在法理上站不住腳，就無法得到想要的結果。K 法官向 B 資融的律師提問：

「這起案件，你沒有和解的意願嗎？被告的情況看起來很爲難。」

K 法官規勸原告在起訴金額中做出讓步，並在可接受範圍內稍作妥協，但是對方的律師卻俐落地回答：

「我的委託人不會答應調整，請直接做出判決吧。」

K法官臉上露出了非常尷尬的表情，據我對他的了解，他要是對老爺爺做出敗訴的判決，內心肯定會非常難過。不過法官是得按照法律規定進行審判的職業，並不能一味的站在自己認爲冤枉的人那邊，K法官只好向老爺爺提出建議。

「老先生，不要一個人單獨進行訴訟，請透過律師或是法務人士正式進行，針對對方的主張，您必須提出法律層面的應對才行。光是要求從寬處理，法官是無法給予幫助的。」

在民事審判中，法官必須徹底保持中立。法官只能對原告或被告提出的內容進行判斷，這被稱爲「當事者主義」或「處分權原則」，就算原告或被告有對自己有利的攻擊或防禦方式，只要不是在法庭上明確提出，法官就不能隨意下定論。

想著老爺爺很可憐，我正準備從律師席起身，突然感覺到K法官悄悄的看了我一眼，然後又大聲的對老爺爺說：

「老先生，我再說一次。如果您仔細查閱紀錄，會找到可以用來回答的內容。因爲我是法官，所以不能告訴您，您一定要去找位律師幫忙看看紀錄。這麼一來，就可以找到好的解決辦法。」

K法官說這段話的過程中，大概看了我三次，彷彿不是對老爺爺，而是對我說的。

我走出法庭，那位老爺爺也隨後一邊擦著眼淚、一邊走了出來。我遞給他一張名片，問他能不能讓我看一下訴訟紀錄，老爺爺爽快的把紀錄交給我。那份訴訟紀錄並不是很厚，閱讀完全部內容只需要十分鐘。我能理解爲什麼K法官剛才會那樣看我，這是與「消滅時效」相關的問題。

即使是借錢給他人的狀況，如果債權人在一定時間內不行使自身權利，債務人也可以對債權人說：「你怎麼這麼久都沒有要我還錢？」並對債權人的還款請求行使否決權。權力會隨著時間過去而消逝的法理被稱爲「消滅時效制度」，但是在審判過程中，如果想要獲得消滅時效的利益，債務人必須直接明確點出該制度。若債務人未主張消滅時效，僅靠法官依職權判斷時，則會構成違法的審判。

B資融在十一年前借款給老爺爺的兒子，兒子卻在十年六個月前，於償還利息的期間過世。這麼說來，B 資融在十年六個月前開始就可以向連代保證人提出還款請求，卻因爲疏失，直到最近才提出請求。老爺爺在法庭上不該哭著哀求法官放過他一次，而是該說出：「原告的債權已經過了消滅時效，所以原告的請求也必須被駁回。」

我帶著老爺爺去了附近的網咖，在那裡花了二十分鐘左右，簡單爲他準備了書面資料後列印出來。

「老爺爺，把這些文件拿去交給法院吧。」

老爺爺儘管目瞪口呆，但因爲是律師爲自己撰寫的資料，所以眼神流露出信任地道謝後便匆忙轉身朝法院走去。

兩個月過去，K 法官打電話到我的事務所。我沒想到會接到他的電話。

「學長，當時那位老爺爺的事情妥善解決了。今天爺爺獲得了勝訴。」

「嗯？爲什麼告訴我？」

「老爺爺在審判當天就提交了書面資料，我知道是學長幫忙寫的，這種程度我還能察覺。」

「你身爲法官怎麼如此心軟？」

「是學長給我啓發，讓我意識到應該幫助有困難的人，你還記得以前給過我一本書嗎？」

書嗎……K提到我才想起來，在我通過司法考試後，到寄宿家庭來找我的K語帶猶豫、艱難地開口：

「學長，可以把你讀過的書給我幾本嗎？」

因爲法律書籍太貴，像K這樣畢業於鄉下高中的學生來說，也是不小的負擔。

「好啊，我本來就已經厭倦這些書了，你都拿走吧，我再買本乾淨的書來看就好了。」

我一邊這樣說，一邊把二十多本書都交給K，看來他仍記得這件事。

法官是在各種糾紛中，聽取雙方不同的立場後，做出判斷並宣布結論的人。律師只需要了解委託人的立場並爲單一方辯護，而法官則需要聽取雙方對紛爭的主張後，做出公正的判斷，所以我認爲以職業來說，法官的煩惱比律師更多一些。

有人會問：「法律中也有人情嗎？」負責法律的人若是受個人情感影響，的確會在處理案件時造成問題。

不過我時常期待在冷靜的法律世界裡，有越來越多像 K 法官這樣，能夠理解他人難處的法官加入。**我希望世界能夠變得更加美好。期待未來能有更多像 K 法官這樣的人，在法庭上進行溫暖且深思熟慮的審判**，我深深祈禱。

被商人朋友牽連的法官

姜俊赫，是於首都圈地方法院工作第十年的法官。
若他想成為首席法官，至少還得再等四到五年左右。

儘管俊赫本人也很想擁有首席法官的頭銜，但人生難免伴隨著許多苦惱讓人無法遂其所願。

他父親已經入院超過一年。因爲是門診治療無法掌握的疾病，只好長期住院，妹妹偶爾會去醫院照顧他，但必須二十四小時有看護照顧，是一筆不小的費用，加上孩子們的教育費用也不低。對於獨自在農村學習，順利通過大學和司法考試的俊赫來說，無法理解爲什麼要給孩子上那麼多課外輔導。但妻子堅持自己的孩子不能落於人後，於是只好用緊繃的年薪，勉強支付著三名孩子的補習費。比起堅持法律和正義的信念，生活的現實感更加沉重。

俊赫認眞的思考過：「是否該遞出辭呈，開始律師生涯？」但經過觀察，法律市場其實不太景氣，就不敢貿然創業。雖然同爲法官、但性格較爲善於社交的前輩黃法官也在兩年前豪氣的創立了個人律師事務所，最初幾個月看起來意氣風發，但據說之後卻一直處於苦戰狀態。最好的狀況是被律師事務所挖角，但畢竟自己不是首席法官出身，普通法官也不具備特殊專業技能，要找到願意端出好條件的律師事務所不容易。

俊赫久違的參加了高中同學會，席間遇見了透過房地產事業賺了大錢的老同學朴忠泰。在朋友之間，朴社長很有名。學生時期雖然不喜歡讀書，但以豪爽、具有男子氣概的性格坐擁高人氣，在事業上似乎也取得了成功，讓人切實感受到「學生時期的成績和人生成績不成正比」這句話。在同學會後的續攤，忠泰坐到了俊赫旁邊，開啓了各式各樣的話題。

「姜法官，你是我們同學間的驕傲，你知道吧？希望你早日升上首席，早晚會成爲大法官吧？」

俊赫趁著酒氣，放寬心說出了自己的內心話：

「我除了這個職業以外，也不知道能做什麼，坦白說我很羨慕你。」

忠泰拍了俊赫的肩膀一下，然後說：

「天下的姜法官在說什麼？我只是個生意人，你可是在做公眾事，公家事！這有多帥氣？甚至還有使命感。」

「使命感……是啊，應該要有……但生活讓我很辛苦。」

忠泰愣愣的看著面帶憂鬱又漸漸口齒不清的俊赫，和他約了另外找時間單獨聚一聚。

一週後，俊赫和忠泰在法院前的日式料理店相聚。

「姜法官，那天聽了你的話，我思考了一下。嗯……我可以直接了當的說嗎？」

忠泰用意味深長的表情接著開口：

「我也經歷許多波折才走到現在的位置，每當遇到困難的時候，都會有好人給我很大的助力。現在是我的公司正要更上一層樓的關鍵時刻，東灘那裡有一個兩千五百億規模的房地產企畫。」

忠泰接著說明：

「不過我們公司內部的人才和銷售規模相比，實在太缺乏了。所以最近正在物色有實力又可靠的夥伴。隨著公司的壯大，合約問題也越來越多，每到需要的時候，我都會透過他人介紹，聘請律師或法務士進行諮詢，現在想乾脆直接增加一個內部職位給自己人。」

「僱用法務負責人就可以了吧？」

「當然我也想過法務負責人，但我不想找單純的辦事人員，希望是能夠和我一起思考及討論整體事業方向的人。上次同學會時，我看你好像有煩惱的樣子，所以我想大膽提議……你願意來我們公司當法務主管嗎？我想邀請你來。」

法務主管？俊赫嚇了一跳。原本以爲只是朋友一起吃頓飯罷了，沒想到會聽到這樣的提案。在平息驚訝的情緒後，俊赫對於這職位的具體條件感到好奇。

「當時我也說過，你對我來說是超越朋友的一種驕傲。所以我想給你相應的待遇，不會讓你失望的，所以說……」

忠泰不愧是企業家，果斷的回答了多少有些敏感的金錢問題。

「首先這是我的想法，你可以提出協商後再做調整。我預估年薪是三億元左右，每個月的辦公費是五百萬元，爲了維持格調，會提供中型公務車和司機。另外東灘的事業將另外建立特殊目的法人（SPC）進行，預想收益爲兩百億元左右，我打算把特殊目的法人的股份分配一〇%給你。」

俊赫在腦袋裡計算著忠泰所說的條件，他感到頭昏眼花。忠泰接著說：

「說實話，姜法官和我這樣的房地產商一起工作，也許會不太適應。你就來幫我兩年吧，只要和我合作兩年，你就會認識很多這領域的業主，以後如果想要單獨創業，這些人就會成爲很好的基礎。當然如果兩年後還想和我一起工作，我也會覺得很感激。以姜法官的實力和信用來說，我好比獲得了千軍萬馬。」

對俊赫來說，這是很難拒絕，不，是絕對不能錯過，充滿吸引力的提案。俊赫說會和家人討論後再回應；他的妻子只問了他一個問題：

「那個人是值得信賴的人嗎？」

俊赫告訴她，事業有可能會成功，也有可能會失敗，但人本身還算值得信任。

俊赫的妻子便同意他的決定。俊赫在不久後向法院提出了辭呈，接下忠泰公司法務主管的職務。

從法官轉職、自行開業的律師仍需要進出法院處理訴訟案件，但俊赫卻不用，所以心裡很舒坦。畢竟是法官出身，坐在法臺進行審判時，想到自己在法臺下進行辯論的樣子就覺得尷尬。

在公司的業務內容也是超出預期。他負責檢視各種合約書、確認是否有問題，大多數爲檢查事業潛在風險的工作。這和進行審判時寫判決書的工作相比，更有活力並能從中得到成就感，週末還能讓司機開著公務車，帶家人一起去旅行，原有的貸款也已經償還了一大部分。

忠泰的事業手腕非常出色，並保有自己特有的親和力和細心嚴謹。讓他不禁感嘆生意人也許從基因就和他人不同。忠泰在和事業夥伴或投資人見面時，一定會帶著俊赫一同前往。

「你現在也踏入社會了，應該與各式各樣的人見面，累積一些軟實力。反正你以後打算回歸律師工作吧？就當作和未來的委託人事先打好關係，我會幫你多介紹一些人。」

俊赫非常感謝這樣的關照。由忠泰另外創立、並給予俊赫一〇%股份的特殊目的法人名爲「相信現實公司」。這間公司從多位投資人手裡募集基金，購買土地並引進建設公司，在購買的土地上打造住商兩用的建築並進行銷售。透過長期努力，他們從七名投資人手中募集到約三百億韓元的資金。

當時大約是俊赫加入公司的第六個月，俊赫在夏季休假期間和家人一起享受了八天七夜的夏威夷之旅。回到公司上班時，辦公室裡擠滿了投資人。

「姜律師！朴社長究竟去哪兒了？」

其中一名投資人在看到俊赫後便指著他大吼大叫，感到莫名其妙的俊赫撥打了忠泰的電話，電話卻已關機，總是和忠泰一起行動的兩位職員也不知去向。

幾個小時後，俊赫發現公司的戶頭幾乎沒有餘額，俊赫突然意識到事情不太對勁。顯然是最近幾天分批取款，不知道究竟是怎麼回事，他內心非常慌張。

投資人紛紛將合約書遞給俊赫，並大喊若是出了什麼差錯，他必須負責償還所有投資金。這又是什麼意思？投資金顧名思義就是投資金，身爲公司理事的俊赫沒有理由必須償還。俊赫再次仔細檢查自己曾看過的合約書時，嚇了一大跳。

雖然標題是〈投資合約〉，但內容卻不一樣。文件上注明了在投資人提出要求的情況下，可以將投資金歸還給投資人，返還責任由代表理事朴忠泰跟理事姜俊赫共同承擔。這和當初俊赫檢查過的合約書內容有很大的出入，但是合約書上蓋的的確是俊赫的印章。忠泰曾解釋在管理事業的過程中，時常會有需要蓋章的事情，於是俊赫把自己的印章和身分證都交給公司保管。

「你知道我們爲什麼投資這家公司嗎？都是看在你身兼律師與股東的身分，還有合約書上注明可以歸還投資金。朴社長也說了很多關於你的事情，說你身爲律師，有著雄厚的財力，我們每次見面的時候，你不都和朴社長一同出席嗎？」

糟糕，彷彿後腦勺遭到一記重擊。俊赫急著辯解，雖然合約上蓋著自己的印章，但並非本人所爲，可惜這個說法行不通，投資人的反應非常激動。

「你們這些傢伙是不是串通好來騙我們？在現今社會，只要提到律師仍舊足以博取信任感，你們居然惡意利用這一點，你這個壞蛋！」

姜律師因爲這起事件被捲入投資金返還訴訟，並以詐欺罪被起訴。最後經歷刑事審判，在一、二審判決中被判處三年有期徒刑，在民事訴訟中也敗訴，所有財產全部被法拍處理。

以上是從朋友那裡聽到，我的大學學弟姜律師的事件始末。

「那麼朴社長打從一開始就想要利用自己的老朋友姜律師嗎？」

我問了朋友，朋友聳了聳肩後，表示他也不知情。

「那還是個謎，姜律師好像還是認爲朴社長並非故意，因爲朴社長曾經眞的對他很好。朴社長仍在迴避中，不知道他是一開始就存心欺騙朋友，還是在工作過程中產生了其他的心思，我們不得而知。但老朋友的人生確實因他而毀。總之，空有一顆聰明腦袋的法律界人士得務必小心。」

對於身在教導所的姜律師來說，朴忠泰又是位怎麼樣的朋友呢？這是一段令人省思的故事。

姜律師應該對老同學過度吸引人的提議保持懷疑態度，他卻沒能做到。要是當初擔任法官的俊赫看到這起案件的紀錄，他會怎麼想呢？他肯定會察覺：「朴忠泰這些誘人條件的背後，會不會有什麼危險因素？」不過，當這些事件實際降臨在自己頭上，姜律師便失去了客觀性。況且提案的又是自己的高中朋友，姜律師當時也極度需要新的突破，在這種需求與供給相輔相成的狀況下，姜律師的判斷力大受影響。

人在碰到姜律師這樣的狀況，要保持客觀將是多麼的困難。老子早就說過：「禍福相倚。」福和禍總會共同到來。聰明地活在這世界上的人，正因爲熟知禍福同舟的道理，對於突如其來的福氣自然不會出手去接。

打造幸運的最佳方法

「律師，姜會長沒有事先預約便進來會議室，請問該如何是好？他說只要跟你談十分鐘左右就好……」

秘書平時早已察覺我有點受不了姜會長，在知道我早上輸掉一場大型訴訟案，內心比平時更不舒服的時候，面露難色地問我。

「呼，這次又是爲了什麼？沒有事先約定就這樣闖進來，讓人該如何是好？」

我氣沖沖地反問無辜的秘書，姜會長是以前透過某個社長介紹認識的人，雖然以前有經營企業的經歷，但現在只是空有會長的頭銜，並沒有特別負責的工作內容。他原本是個恭敬且性格善良的人，所以頭幾次見面的時候，我對他印象很好。但是隨著見面的次數增加，疲勞感也逐漸增強。姜會長向我諮詢了他周邊人所碰到的各式各樣的法律問題，剛開始可以看作是好意，但不知道從什麼時候開始，逐漸讓我感到煩躁。

大型法律事務所內的律師大多數都有每個月需要實現的業績目標，如果不能達成目標，年底就會發生許多令人疲憊的事情。法律公司的律師們每天記錄多少「鐘點費」（可以申請諮詢費用的時間）將成爲重要的評價標準。

不過與姜會長的會面時間都不能計算「鐘點費」，儘管知道他善良的意圖，我無法拒絕他所申請的法律諮詢，但從某個時候開始，我已克制不了煩躁和不安的情緒。每次看他爲了處理周邊人的煩惱而忙碌的樣子，已經令我感到他就是一位自顧不暇卻又愛管閒事的人。

無論怎麼說，我對姜會長的來訪並不開心，所以總是抱持著某一天可以向他提出最後通牒：「我再也無法爲您服務，請別再聯絡我。」而那個機會終於到來。趁著敗訴、心情不是很好的狀況，我認爲自己在過去的時間裡，已經給他足夠的幫助，可以趁此機會痛快的提出離別通知。

我懷著悲壯的心情走進會議室，姜會長旁邊坐著一位看似非常凶狠的男士。猜測著他大概又帶著其他人的案件來諮詢，我一臉不情願地在位置上坐下。

「曺律師，每次我都來麻煩你。這位朋友最近開始做一筆大生意，卻沒有律師協助，於是我立刻把他帶過來，還請你多多幫忙。」

一起前來的崔會長是姜會長從小就認識的好朋友，自從開始創業以來，每當遇到難關，情況比他優渥的姜會長都會給予關鍵性的幫助，崔會長甚至會用「恩人」這兩個字來稱呼姜會長。

最近兩人偶然再次相遇，崔會長看到曾多次幫助自己的朋友過得很辛苦，於是聘請他來自己的公司做顧問。姜會長被崔會長的公司聘請爲顧問後，第一件做的事情就是把我介紹給崔會長當法律顧問。

由於姜會長之前已多次接受我的法律諮詢，自己也儼然成爲半個法律專家。他對崔會長正在進行的事業提出了幾點指教，原本只顧著向前衝刺的崔會長也開始會聽取姜會長的建言。

「我周圍其實有很多律師晚輩，但是姜會長一直說曺律師與衆不同，大力地稱讚你。」

崔會長閃爍著銳利的眼神對我說。剛剛還想著鐘點費的我，頃刻間覺得臉頰有點兒發燙。

「其實我即將開始進行許多大案子，但內心還是不安。姜會長擔任顧問後，同時也負責一些法律業務，令我感到很安心。這位朋友在我們沒有碰面的期間，幾乎要成爲律師了。以後也請和姜會長一起多多給我幫助。」

當時我糊裡糊塗的成爲崔會長名下四間公司的法律顧問，之後與姜會長密切聯繫，處理著四間公司的各種訴訟和諮詢事件。崔會長的公司漸漸成長爲比我之前負責過的任何企業還要收益良好的公司，這段緣分就這樣維持了很長一段時間。

若是當初我一走進會議室，就和對我有著如此良好印象的姜會長說：「從現在起別再聯絡我！」會怎麼樣呢？現在回想起來還有些暈眩。之後姜會長在酒席上說過這樣的話：

「坦白說，以前沒有不曾受過我幫助的朋友。因爲我本來就樂於助人，但當我的狀況變得日漸困難，大家便開始疏遠我。人性眞是……儘管這樣，我多管閒事、看到周圍人有難就想要幫助的性格沒有變，只是因爲暫時沒有錢，所以無論去哪裡都得不到善待。我認識許多律師，但因爲沒有付諮詢費，所以大多不願意見我，連在電話裡也能感受到閃躲。不過曺律師卻始終如一，不在乎金錢的爲我提供諮詢。我無法忘記那份心意，就算赴湯蹈火也在所不辭，希望曺律師的未來能一光明。」

我被他稱讚得抬不起頭來，想著要是他知道我曾經閃過的念頭該如何是好。臉頰越來越燙、腦袋也嗡嗡作響。我什麼話都說不出來，只好一邊接著敬酒、一邊應好。

俗話說：「積善之家，必有餘慶。」這是出自《易經．文言傳》中的一句話，意指做了很多善事的家庭一定會有喜事發生。另外，**累積善意的最好方法就是向處於困境的人提供幫助**。

用法律知識助人對我來說並不困難，但對於不懂法律的人而言，這可是要煎熬好幾天的事情，而我只需要考慮幾分鐘、最長也是幾個小時就能找到解決方案。儘管如此，我仍舊被業績評價蒙蔽了雙眼，只想著眼前的利益。

在從事律師工作的過程中，見到的人越來越多，經常會看到所謂「功成名就」

的人，這是指因事業成功而獲得巨大財富或聲名大噪的人，不過像這樣獲得橫財和幸運的人，各自都有不同的處事方式。有的人彷彿是爲了發洩以往受到輕蔑的委屈，而把周圍的人踩在腳底下，或是做出爲了故意踐踏他人的自尊心而給予幫助的情況。

不過姜會長親身實踐荀子的教誨：「有而不施，窮無與也。」**若是擁有的時候不給予，一無所有時也就什麼都得不到**。人的運勢不可能一直都很好，曾經紅極一時的人也會陷入困境，這就是世間的道理。

姜會長近來也仍積極地參與活動，若是遇上周圍的人有困難，還是會毫無保留的介紹給我，而我也都懷著喜悅的心情迎接這些客人。

Eurasian Publishing Group
圓神出版事業機構
用心與你對話．視野無限寬廣
如何出版社
Solutions Publishing
www.booklife.com.tw reader@mail.eurasian.com.tw
Happy Learning 207

一場快樂勝過千萬悲傷

作　　者／曺祐誠
譯　　者／樓艾苓
發 行 人／簡志忠
出 版 者／如何出版社有限公司
地　　址／臺北市南京東路四段50號6樓之1
電　　話／（02）2579-6600・2579-8800・2570-3939
傳　　真／（02）2579-0338・2577-3220・2570-3636
副 社 長／陳秋月
副總編輯／賴良珠
責任編輯／張雅慧
校　　對／張雅慧・柳怡如
美術編輯／李家宜
行銷企畫／陳禹伶・鄭曉薇
印務統籌／劉鳳剛・高榮祥
監　　印／高榮祥
排　　版／陳采淇
經 銷 商／叩應股份有限公司
郵撥帳號／ 18707239
法律顧問／圓神出版事業機構法律顧問　蕭雄淋律師
印　　刷／祥峯印刷廠
2023年3月　初版

定價 320 元　ISBN 978-986-136-653-1

你是否曾在看完一部電影後，感覺自己已是個不同的人？
故事可以帶人逃離，也能讓人沉浸其中。
本書將引領你從原則中找到生命的本質，
從結構與形式裡看到活著的悸動……

——《劇本的多重宇宙》

國家圖書館出版品預行編目資料

一場快樂勝過千萬悲傷／曺祐誠 著；樓艾苓 譯.
-- 初版. -- 臺北市：如何出版社有限公司，2023.03
256 面；14.8×20.8公分. --（Happy Learning；207）
譯自：한 개의 기쁨이 천 개의 슬픔을 이긴다. 1
ISBN 978-986-136-653-1（平裝）
1.CST：律師　2.CST：通俗作品

586.7　111022333